間違いないっ！

権力とタブー

政治と
創価学会と
宗教二世

西東京市議会議員
長井秀和
Nagai
Hidekazu

さくら舎

はじめに

ピン芸人で知られていた長井秀和が、一般道のフェンスを踏み越えて政治専用道路に突入、一市民から政治家になった。それも地味に市議会議員だったから、ちょっと訳のわからない感があったかもしれない。

唐突な、人生をねじ曲げてしまうような事件でもあったのか。というと、全然そんなことはない。

いろいろな伏線があって、それがここにきて一挙にバキバキっと起き上がった。まあそんな感じのできごとだったのです。

テレビカメラが、ドーンと構える照明まばゆいステージから芸人は降りて、寒風吹き荒ぶ中を、カタギの人たちがまばらに仕事に向かう駅頭に一人立つ。夏ともなれば、朝っぱらからギラギラ照りつける太陽熱に炙《あぶ》られ、これまた一人で立っている。

春夏秋冬、来る日も来る日も。そんなことまでして、私が地方政治の世界に仕掛けたものとは、何か？　目撃した驚くべき実態があるに違いない。

それが、この本の中身となるはずだ。


なにしろ、楽屋でブツクサしゃべっていた悪口が、笑いにはキビシイ同業者にウケていることにふと気づき、「あれでいいのか」とさっそく舞台でしゃべりまくり、ウケる快楽を知った芸人である。

私の口癖に気づいた劇団ひとりが、どぎつくデフォルメして「間違いないっ！」とマネしては、くすくす笑っているのを目撃し、「おお、そこか」と採り入れて、決めゼリフにしてしまった抜け目のない芸人である。


権力とタブー！

当然、穏やかな話にはならないだろう。そうご期待でしょう。

私は、創価学会の宗教二世。誕生と共に学会入りし、創価小、創価中、創価高、創価大で学んだ生粋の学会っ子である。ニキビ吹き出すハイティーンになるや、疑惑の目で己の純正部品を眺めだし、東日本大震災の目をおおう惨状に、思うところあって学会を脱退。敵対関係となった。

そうなると、アレも当然あるにちがいない。池田大作先生、チャン池をめぐる悪口の炸裂！　創価学会と芸能人の親密な関係の暴露！　自民党と手を握った宗教の裏の裏のまた裏の実態！　それらのタブーが暴かれるのであろう。

これを期待しないで、何を期待する？


私は、新宿歌舞伎町《しんじゅくかぶきちょう》に焼き肉店を持ち、生計を支えているが、コロナのときにはえらい目にあった。

同業者はそれぞれみな、信頼できる相談先もなく苦悩していた。必要なときに、必要な場所に、必要なものがない。この位置に立つ政治家がいない。国政ではなく、市政、区政の政治家である。

ならば私がなろう！

そうして、市民に奉仕する市議会議員になったのです。

利己的な「濡れ手で粟」主義者を排除して、利権に取りすがって甘い汁を吸い続ける輩《やから》を叱り殴って、地道に汗して働く黙した人々に味方する。そういう公僕を志願したのである。

だが、正義心からの、ゲンコツ一発主義だけではどうにもならない。制度設計が必要で、政治システムという、公正を保証する仕組みを考え出さねばならない。市民生活を向上させる創造性だって求められる。

瞑目《めいもく》し、腕組みして考えてみれば、それが政治家というものであった。


人生のゆくえほど、わからないものはない。

高校時代こそが肝心。やっと、自分に責任を取る年頃となったのであった。その日、どっぷり浸かりきっていた宗教の熱い湯の溢れるバスタブからガバッと立ち上がり、冷水で身を清め、己の正体と対面したのだった。

「こういうものになりたい！」と熱望したものは、大道芸人であった。デビューは公園でのパントマイム。以来、舞台だろうとスタジオだろうと、どこで何を演じようと、こころは大道芸人である。

大道芸人として、世界に羽ばたきたい。この志は今も変わっていない。だからこそ、過日、ニューヨークにまで芸能の実態調査に出向いたのである。

大道芸人、焼き肉屋主人、市議会議員。
三題話ではないが、これが私の人生である。
間違いないっ！

長井秀和

目次◆間違いないっ！　権力とタブー
——政治と創価学会と宗教二世

第2章　創価学会と池田大作のタブー

第3章　宗教二世問題のタブー

第4章　創価学会と手を握るものたちのタブー

第5章　お笑いから政治家になった今のタブー

おわりに

間違いないっ！　権力とタブー

——政治と創価学会と宗教二世

第1章　政治家と選挙のタブー

国政、都政、市政、それぞれの選挙運動

選挙にいくらかけるか

選挙にいくらお金をかけるのか。都知事選のような大きな選挙では、かける人はきりもなくかけるであろう。何千万、あるいは何億？　西東京《にしとうきょう》市の市議会議員選挙に立候補した私は、40万ぐらいであった。ケチといわれようと何だろうと、自分でやれることは自力でやる。お金をかけない。これが立候補の際のポリシーであった。

「ポスター代もばかにならないでしょう？」と問う人もいるが、じつは公費負担だから後で返ってくる。印刷代、貼り代というような費目はなく、1枚につき公費で2300円。そのくらい出るのだ。

ポスターの印刷にかかるのは、実質300円ぐらいだから、2000円ぐらいはだぶついてしまう。実勢と価格に乖離《かいり》がある。

大きな政党となると、これはこれでまた変なカラクリがある。新人候補であれば、チラ

シをまいたりするから、それにお金がかかる。「大変だね、どのくらいかかるの？」とさりげなく尋ねてみれば、1回チラシをまくのに100万円かかるとか。じつは、この100万円にカラクリがある。

100万かけて市内全域、区内全域に配るのかと思うと、そんなことはない。割り振られた管轄の所に配るだけ。決められた配布先は、多くても1万5000戸ぐらい。その程度の戸数の配布を1回やるだけで、100万円かかるわけがない。では、何ゆえの100万円？

だから、そこで浮いた95万ぐらいは、有力な方に「まあまあ」といってお金を配ると、そういうことでしょう。

ポスターも貼れない候補者

都知事選のような大きな選挙では、そもそも広域なので、ポスターを貼れない候補がいっぱいいる。選挙戦スタート！　その当日の午前中に貼れていない人は、そこでもう落選が決定。これが選挙のセオリーなのだ。その時点で貼れなかったのは、「組織力がない」ってことの表れなんだから。

前日の夜には、数字とワクしかなかった掲示板であったが、朝一番に、加工しまくってシミシワひとつない顔がにっこり笑っている。これに、皆さん驚かされる。でも、あれにも一種のカラクリがある。

私の立候補したような地方選であれば、自民、公明、共産、立憲といった政党は、同一選挙区内に5人、10人、多いと15人ぐらい立候補する。その15人が、別々に貼りに来るわけではないのである。1人のポスター貼り係が、自分の党の15人分をまとめていっぺんに貼る。それは素早い。

選挙用のポスターは事前審査があるので、早めに刷ってしまう場合もある。私のポスターは、1カ月半ぐらい前にはもうでき上がっていた。刷り上がった自分のポスターを眺めるのは、なかなかいい気分。出陣間近という軽い興奮がある。

ポスターの撮影をするときに、カメラマンにこだわる立候補者もいる。「あの人に撮ってもらうと当選するぞ」という噂を耳にすると、ついついゲンをかついでしまうのであろう。選挙のジンクスの一つである。

事務所費が高いのは

選挙のときには事務所を構える。そうなると、やっぱり金がかかる。ある議員は、中野《なかの》区の区議会選挙で、節約のために、駅から離れた、あんまり条件のよくない所に事務所を構えた。それでも３５０万円ぐらいかかったとぼやいていたが、これはまだ安いほうなのである。

新宿、渋谷、杉並《すぎなみ》だとか、ああいう好立地の区議会選挙だと、そんなものではとうてい済まない。その区のメインになる駅の近くに事務所を構えると、その事務所の賃借料だけでもすごい高い。高いが払わざるをえない。

事務所を借りるだけじゃ、中は空っぽのまま。椅子とか机とか、さまざまな事務用品も借りるし、消耗品も買う。あと、そういうところに群がってくるやつらもいる。むげに追っ払うわけにもいかず、それでやっぱり軽く１０００万円ぐらいいっちゃう人もいらっしゃる。

きれいな声で、選挙カーから語りかけるウグイスにも金がかかる。ウグイスによって、そこまでの大きな差はないと思うんだけれど、やっぱりベテランの人は安心。あらゆる状況、場面が頭に入っていて、対応できる。「当選するウグイス」に頼みたがるのも、選挙のジンクスの一つである。

ベテランのウグイスは、選挙期間中の紳士協定をすべて守る。病院とか福祉施設がある所では声を下げるとか、先にいた方に対してねぎらいの言葉をかけるとか、子どもが手を振ってきたときにどう返すとか、あらゆるケース全部に応じて、心地よく、なめらかに、美しく囀《さえず》る。それはもう見事。完璧に頭に入っているのである。

収支を報告する義務

選挙にいくら使ったか、かかったかは、公表する義務がある。選挙管理委員会に、選挙資金の貸借、収支をすべて報告する。落選しても全部出す。笑った人も泣いた人も、選挙に出た人は全員、出さなきゃいけない義務がある。

それを見ればいくら使ったかがわかるけれど、ごまかして書いているやつもいるだろう。公職選挙法違反では、やっぱりお金のことが一番厳しい。もうレッドカード1枚、即刻退場。お金の不正がバレたら、それまで。

公職選挙法違反でも、お金に関わらない事案となると、けっこううやむやになってしまったりすることが多い。ビラを違法にまいたとか、そんなのがいろいろあるけれど、金絡みじゃないとほぼ起訴されることはない。嫌疑不十分で、ほとんどがもう、ちゃんちゃんじゃないかな。

国政選挙だと、投票が締め切られた途端、警察が動き出す。大原則として、選挙の公正のために選挙期間には、いろんな嫌疑があっても動かない。そういう取り締まり側の理屈がある。

レッドカードに相当する金絡みのものは別であるが、ジャーナリズムのほうにも、一応紳士協定というものがあって、選挙が始まったらあんまりゴシップを扱わない。選挙期間に入っているときに、学歴詐称だなんだかんだというと、「それはネガティブキャンペーンだろう」という話になるからだろうか。

東京都知事の小池百合子《こいけゆりこ》さんは、選挙のたびに学歴詐称問題の話が持ち出されてきた。そういう、身辺を突かれたらまずいことの多い人は、なるべく立候補するのは遅らせたほうがいい。ギリギリまで、ずっと「公務に今従事しておりますので」とか言っていましたよね、そのあたりはやっぱりうまいなという、まあそういうこともある。

得票の手応え

立候補者は、「選挙演説をしていると、手応《てごた》えがわかる」ということを、よくいう。耳にしたことがあるでしょう。あれ、本当にわかるんです。私はあった。しかも、「これ、トップ当選か？」なんて手応えまであった。

私みたいに、組織票がなくて、なかば浮動票狙いだけの議員がいる。そういう候補者が、選挙区内で演説をしているときに、感じるものがある。それが何であったかが、けっこう重要。手応えというものは、まさにそれなのだ。

一カ所で演説していると、誰かしら有権者が通り過ぎていく。そのときに反応がある。「頑張ってくださいよ」とか、「入れるよ」とか、「応援しているよ」とか。そういう声がリアルにどんどん来る。これが少ない人は落選。もう立っているとわかります。

私なんぞは、票読みできるほどのものが何もない。つまり組織票がない。組織票がないとは、あらかじめ財布に入っているべき銭こがまるっきりないようなものである。

そういう戦いであったけれど、私は、あるときから「トップで入るな」ということを確信していた。ただ、何票までいくかというのがわからない。4000票ぐらいまでいけばいいな、という感じであった。

私の選挙区は、1400取れば確実に当選する。その数字1400は超えるなと、選挙戦中にもう読んでいた。だから、投開票がはじまって開票速報が出るときには、悠々と茶を飲みながら談笑していたのであった。

こんなことは、新人らしくないことである。新人というものは、ドギマギドギマギ、ドキドキドキドキの連続で普通なのである。そうでない私は、異常なほど図太いのかというと、なかなか繊細なのである。

じつは、組織票がないのに「ああ、これはトップでいくな」と感じたのは、カルト問題が噴出したときからで、これが悠々の秘密であった。

選挙があったのは２０２２年12月25日。安倍晋三《あべしんぞう》さんが、手製の銃で狙撃されて亡くなったのが同年７月。そこから一気に、統一教会の宗教二世の問題が噴き出した。カルト問題が、大きくクローズアップされたのであった。そこに、私は絡んだのである。

私の発言が、週刊誌に毎週出た。いろんなメディアから、「創価学会員だった」とか、「創価学会二世だった」とか、そういう立場での発言が求められた。インタビューが殺到して、それに一つひとつ応じてきたのだが、私は、そのとき立候補の仕上げを着々としていたのである。

選挙運動期間に、私の名前、写真、発言がやたら拡散していくのである。投票日は12月25日だけれど、11月から12月は『週刊新潮』と『週刊文春』に毎週出ていた。それは強い。「トップか？」というのは、なかなか甘い感触であった。

最後の追い込み

接戦で惜しくも落選した候補者の陣営が、「あと１週間あったら勝てたんだが」と言うのをよく耳にする。この「あと１週間」というのは何なのか。そこで何ができ、何をする気なのか。一般の有権者にはわからない。

後援会の立場からすると、「１週間あったら、あれがやれたのに」なるものがあるのだろう。「あれ」なるものは、一種の屁理屈かもしれないが、1個の理屈である。戸別訪問は禁止となっている。ここに理屈が出てくる。後援会の人が、後援会員同士の打ち合わせをするのは合法で、むしろ熱心でよいという話となるだろう。

実質は戸別訪問だが、そういう名目で、挨拶に回る。そういうふうにすれば、挨拶に行くのも、大丈夫っちゃ大丈夫。「あと1週間あったら」のセリフが出てくるのは、持っている後援会名簿をめくりながら、あと1週間のうちにどれだけ確実に自分の票にできるか、その読みがあった、ということじゃないか。

運動に関しては、電話はいい、メールはだめ、SNSはオーケーとか、公職選挙法がいろいろ細かく規定している。今は、年配の人でもけっこうスマホを使いこなしている。電話に出ないからショートメッセージということもある。でも、それもダメ。なりすましによる悪用防止のためである。

選挙資金をどうするか

どのぐらい前に住んでいたら被選挙権を持てるか。地方議員は3カ月前だけれど、私は4年半前には住んでいたから、問題なく立候補できた。次の問題は金である。選挙資金は、カンパなんか求めなかった。自分のお金だけでやった。

事業をいろいろしていたし、芸能の仕事もあったりで、選挙に要するお金はあった。細かくいえば、焼き肉屋もやっているし、ＣＤ、カラオケ制作の事業もしている。しゃべりは得意だから、婚礼・宴会の司会も事業としてやっている。

だから自前で立候補はできた。ただ、ほかの方のように３００万とかはかけたくない。市議会議員になるのに、そんなにかけてしまったら、取り返すのに１年はかかってしまう。「それは嫌だな」と思ったのであった。私はじつは堅実な人間である。

かかる金の一つに供託金がある。30万円だったが、どうせ返ってくるのはわかっている。市議会の没収ラインは、すごく低いのである。西東京市だったら２００票ぐらい。都知事選となると、供託金没収ラインは60万票ぐらい。

前回の都知事選では、上位３人以外はみんな没収となった。田母《たも》神《がみ》俊雄《としお》さんも没収。26万票の得票があったけれど、供託金は返ってこなかった。

国政となると、事情はまたちがってくる。小選挙区立候補者は、有効投票総数の１割に達しないと、３００万円の供託金没収。

直近の衆院選では、共産党は２１３人が立候補し、３分の２の１４３人が１割に達しなかった。４億２９００万円の供託金没収。このように、入り口からして、政治は金がかかるのである。

その代わりに、政党として認められると政党交付金がもらえる。条件は、所属国会議員が5人以上、または、所属国会議員が1人以上、かつ全国を通じた得票率が2％以上。ちなみに、2025年の政党交付金の交付額は、自民136億3900万。公明26億4700万。立憲81億7100万。国民19億7900万。維新32億9000万。れいわ9億1600万。社民2億8300万。参政5億1600万。日本保守1億7200万。共産0。共産党は、政党交付金に反対していて、受けていない。

これで足りなけりゃ、パーティを開いて支持者や支持団体から金を集めたり、寄付を求めたりする。その金のために、政党やその支持団体は新聞を売ったり、雑誌を売ったり、本を売ったりの商売をして、その金を回すのである。

ここらあたりが、まあなんというか、政治と金の事始めですか。

選挙戦術のあれこれ

ステルス選挙戦

選挙は、攻めるばかりが能ではないのである。２０２４年7月に行なわれた東京都知事選挙の小池百合子さんの当選は、まさにステルス選挙戦が功を奏したものであった。

現職は、そもそもそれだけで強い。自民と公明が支持し、それに連合が加わったのだったが、その支持固めはステルス。大っぴらにしないから、目には見えない。が、ザ・組織選挙だったというのが真相である。

小池さんは今回、正直いって不人気であった。それゆえか、ダメージを最小にするための守りの選挙に徹していた。メディアを積極的に利用することも抑制したし、討論会をやらないで、失点を防ぐ。

実績のある絶対的な対立候補者がいなかったから、小池さんであれば、やり方によっては３００万票超えていたと思う。蓮舫《れんほう》さん、怒らないでくださいね。３００万票を切ったのは、やはり守りの選挙を選択したためだろう。それでもあれだけの票を獲得した。常々、小池さんから恩恵をもらっている業界があったからである。

大盤振る舞い

ネットを見ていると、「小池を落とせ！」という声が目立った。その声が票になって投票行動を圧倒することがなかったのは、何気に小池さんに感謝している層がいたからだろう。コロナのときに、東京都はどうしたか。あの人は、コロナの給付金みたいなのをけっこう出した。

飲食業の方は、あれがありがたかった。中には毎月、1日6万円をもらっていた人たちもいた。これはおいしい。ふだんの営業売り上げなんて2万円ぐらいしかないようなところでも、そんなに入るんだから、一種ホクホクするコロナ特需であった。

「1日の売り上げがこんなになっちゃった」って言いつつ、かつ、闇営業していたというのでもう濡れ手で粟ですね、これは。ゴールデン街の連中は、みんなで小池さんに感謝していた。小池特需というか、太閤小池の大盤振る舞いというか、小池徳政令というか、これが効いているところもあるな、という気もしたのであった。

小池金貨をばらまいたといっても、別に小池の金じゃないんだけど、やっぱりもらったほうは、小池さまさまとなるのが人情であろうか。

投資的事業の予算

東京都の予算の規模はカナダなみの国家レベルである。国と違って、莫大な軍事費がないから、使えるお金が相当にある。取り除けない義務的な事業もたくさんあるけれど、自由に使えるお金も莫大にあるのが、東京都の強みなのだ。

この自由に使えるお金を、行政用語では「投資的事務執行」という。

この投資的事務執行として、コロナのときにお金をばらまいた。これが即小池さんの票を買った、となった。いわば合法的な買収を相当やられたと思う。

「小池が好きか嫌いかといったら、別に好きじゃないんだけどね、これだけお金をもらっちゃったら票は入れるかな」という人は、相当いたんじゃないか。

負ける選挙戦術

先に触れた都知事選の対抗馬だった蓮舫さんは「行革（行政改革）が」といっているんだけど、東京都の都税でいうと「行革」というのはちょっと当たらない。大事なんだけど、ちょっとね、と私は思う。蓮舫さんのいっていた行革は、昔やった事業仕分けみたいなことなんだろうが、都民の期待はそこにはないんじゃないか。

ニーズは、「東京の大きなバジェット、つまり運用費をどう使うのか」というところにあって、その目ざましい構想を都民は期待していたんじゃないか。蓮舫さんは、そこがちょっとずれていたような気がする。やっぱり共産党と一緒にいると、「あの予算がおかしい！」というところに視点が集中して、とにかく緊縮一辺倒な感じになる。

都知事選で肝心なのは、日本の最大の首長を決めるというところにあって、東京は国際都市だから、そんなちまちました話をしていてどうするんだ、という人は多かったんじゃないか。そうではなくて、国際都市としてどれだけ東京を大きくできるのか。こういう壮大な命題も必要なんでね。そこを間違ったのはちょっと残念であった。

この都知事選では、何人かの候補者の演説も聞いた。田母神さんの演説も聞いたけれど、勢いが感じられなかった。高齢からくるものもあるのかもしれないけれど、主張も強さがないし、右の人たちが「絶対に田母神さんに入れたい！」というようなものもあんまりない。あるんだろうけれど、やっぱり届かない、刺さっていない。そんな感じだった。

応援演説のいきさつ

私自身に応援演説の依頼もあった。都知事選に立候補した医師であり作家である内海聡《うつみさとる》さんの応援に私が入ったのは、個人的なつながりもあったたし、内海さんのどこの業界にも忖度《そんたく》しないで言っていくという姿勢が、私も共鳴するところだったからだ。まあ、単純に「面白くて好き」というのがちょっとあったしね。

立憲さんに知り合いもいるから、「蓮舫さんの応援に」ってこともあるかな、という構えもしていた。清水国明《しみずくにあき》さんのところから、「ちょっと入ってもらえないかな」と言われたときもあった。

でも、すでに内海さんの応援演説をしているし、何人も応援するわけにいかないので、清水さんのは断った。結局は、思想信条もあるにはあるが、人のつながりとか、好き嫌いが決め手になっていることがよくわかるだろう。

池田死しての混乱

思いがけないところから、選挙戦術の秘密が大っぴらになってしまう。最近、「池田創価学会」という新たな法人をつくった、もともと創価学会の幹部だった人がいる。粟田晋《あわたすすむ》という方がその人。粟田氏は、公明党の政治活動、選挙活動をしていた。その彼が、創価学会での集票活動について暴露した。

今の原田《はらだ》創価学会は、内部で公然と会長が揶揄《やゆ》されるところがある。原田稔《みのる》さんは、池田大作の次の次の次の次の会長ということになるが、原田会長政権になってからもうけっこう長くて17~18年ぐらいになる。

大作先生が体調に問題が出て、表に出てこなくなったのが2010年ぐらい。チャン池がいなくなってからずっと原田さんが仕切っているんだけれど、会員からの全幅の信頼がないのだ。

「原田の思考、やり方は、池田大作の今までの遺産を食いつぶしている」とか、「池田先生をないがしろにしている」とか、「反乱している」という意見が一定数ある。

そこに、「本来の池田創価学会に戻すべきだ」という、一種、創価学会内原理主義というか、池田原理主義というか、復古主義が起こってきていて、粟田氏の「池田創価学会」という一般社団法人は、そういう背景から生まれてきたものだ。

ちょっとマニアックでしたか。

西東京市に根を下ろす

なぜ政治家に

私の生まれは、西東京市ではなく、武蔵村山市《むさしむらやま》。西東京市は、かつての保谷市《ほうや》と田無市《たなし》が合併してできたものだ。現在は西東京市にいるが、その前には埼玉の朝霞市《あさか》に1年半ぐらい住んでいた。西東京にマンションを自分で買って住み始めて、それからちょっとして、運命のコロナが始まった。

子どもは、最初の嫁との間に1人いる。今はもう二十歳。私のほうも2回目の結婚というのもあったりして、疎遠にはなっている。男同士で話したいこともいろいろあるが、全然話していない。そんなところが西東京市との関わりと家族関係である。

まあ、みなさんにはどうでもいい話でしたね。

タレントとして他の事業もやりながら、ときに誹謗中傷も受けはしたが、いわゆる普通に暮らしていたのであった。そういうささやかな暮らしの安穏を愛する一市民が、なぜヤバイしのぎともいわれる政治家になろうとしたのか。

コロナのパンデミックがきっかけであった。

芸能関係とか飲食関係では、仕事が直撃を食らった。飲食では、大きいところでは人数規制、時間規制、飲酒規制をかけられた。商売のメインの部分である。何時以降は、お酒を飲む、飲まないという規制である。これが蔓延防止法というやつ。

芸能関係の人たちも、多くはまったくといっていいぐらい仕事がなくなった。そういう人たちが、まわりにいっぱいいいた。そのときに、いちばん頼りになるのは誰なのか。困窮した事業者とか芸能関係の方々に手を差し伸べるのは、誰の役目なのか。

そこなんです。

地方議員が、その役割っちゃ役割なんですよ。

犬、猫、議員と縄張り

西東京市では、市議会議員がそれをサボっていたのか。そんなことはなく、もちろんやっている人はいる。いるんだけれど、聞いていて「ちょっとひどいな」ということがあったのである。

特に国政政党の場合は、皆さんそれぞれ縄張りを持っていて、エリアを分ける。管轄といえば聞こえがいいが、縄張りである。犬とか猫みたいにマーキングして、ここから入ってくるなよ、というような類の区分けである。

たとえば、こういうことですよ。

「俺は荒川区の議員だから、荒川区のことだったら誰の相談にものるよ」とはなっていないのである。荒川区には、自民党だって何人も議員がいる。その先生が、「俺は○○町だから」とか、「おまえは○○町だろう」とかいって、縄張り争いをしているのである。「ここからは入ってくるな」みたいなアホなことをいっている。一枚岩に見えるようでも、内実は、党の中でもみんな縄張りで突っ張りあっているのだ。

市民、区民が、困りはてた挙げ句に、地方議員を頼って話しに行って、そこで初めて政治家事情がわかるのである。「ちょっと、ここは俺の管轄じゃねえ」とか、そういうくだらないことばっかりやっちょるではないか。

実際に困って相談に行くと、それなんだから、市民は呆気に取られてしまう。話を聞いていて、ちょっと辟易《へきえき》というか、憤りというか、怒りの持って行き場がなかった。

地方議員というのは、あくまでも、そこの地方の選挙区で受かってんだから、その選挙区の有権者、市民の人を救っていくのが第一じゃないですか！

そんなもん、こっちには関係ないから、管轄とか縄張りなんて！

それは、てめえらが勝手に、選挙の都合でやっているだけの話だろうが！　怒りにぶるぶる震えながら、皆さん、不満でいっぱいになるのである。私の地方議員志望は、ここに始まったのであった。

縄張りなんか関係なく市民は生きている。暮らしている。大切な場はここなのである。そうであれば、変な政党の選挙絡みの縄張りとか関係なく、幅広く、懐を深くして、それが当然のこととしてできる地方議員が絶対に必要だな、そう私は思った。私も地方議員になって、その範を示していきたいな、とちらっと思った。

私の地方議員願望の誕生の地は、ここであって、ここが最初だった。そうして始めてみたら、たちまち新しい課題がやってきた。カルト問題が出てきたのだった。

２０２２年７月８日、安倍晋三元総理大臣が奈良市で演説中に銃撃された事件で、山上《やまがみ》徹也《てつや》被告が、母親が多額の献金をしていた世界平和統一家庭連合（旧統一教会）に恨みを募らせた末、事件を起こしたと供述していたことから浮上した問題。

この事件をきっかけに、親の信仰が理由で、苦難に直面してきたとされる「宗教二世」の存在が広く知られるようになったのである。

「宗教二世の財政的なものとか、精神的なものの被害を救っていけるような議員さんになってくださいよ」

「まあそうですね」

そこからの活動は、宗教被害に重点が置かれるようになったが、もともとはコロナ。もしコロナの困窮がなかったら、私は政治家にはなっていなかった。

接触してくる政治家

２０２１年に、政治団体「すこやかな共生社会をつくる会」を設立して政治への意欲を公開したら、いろいろなところから声がかかるようになった。接触してくるのは、党首ではなかった。いってみれば関係者。

歌舞伎町で店を開いていたから、そこに関係者がやって来る。入ってくる人はお客さんだ。お客さんは断れない。

そうして話をする関係者で、多かったのはＮ党（ＮＨＫから国民を守る党）。Ｎ党さんから立候補した人がやってきて、「いや、じつは私はＮ党なんですけど、長井さん、立候補するみたいだけど、どうですか」とか、「参議院に出ませんか」とか、「衆議院に出ませんか」とか、カルビを食いながらいろいろ言ってくるのだった。

「いや、私は、それは出ないんで。市議会に出る予定なんですよ」とかいって、なんとかお引き取り願ったりしていた。Ｎ党は、いつでも何かが燃えているところだ。それを眺めて、私は、ここはつかず離れずがいいかな、と思っていた。

れいわ新選組さんとは、主張にちょっと近いところもあり、山本太郎《やまもとたろう》さんと話したこともあった。実際に自分が選挙に出るときのいろいろな事情を聞くために、立憲民主党さんとは親しく話をしていた。立憲さんは「長井さんは、立憲で立つといったら、どこでも出られますよ」とか言っていた。

いろいろな方の話を聞いたり、他の人の応援をしたりしていたが、誘いに乗る気は起こらなかった。政治の世界では、数が力になるのだから、政党で出るのが定石なのはわかっていた。

しかし、もともと私には、政党での政治の在り方に対しての批判があった。その初心を捨てて、受かりたいがために、「じゃあ入りましょう」「入れてください」なんていうわけにもいかない。

ハードルが低い政治家挑戦

日本の今の社会では、サラリーマンになるというのが、いちばん抵抗のない進路かもしれない。「政治家になる」と言い出す人は、ちょっと変わり者か、危ない感じの人物で敬遠されたりするのではないかな。私も、コロナまでは、自分がなるというイメージを持ったことはなかった。

「政治家になる」という意思を持つについては、あんまり抵抗もなかった。そのハードルは、他の方々に比べて低かったのである。だいたい、父親もそうだったし、創価の同級生とか先輩、後輩が公明党の議員として少なからずいるのだから、政治家という職業は、身近ではあった。

実際のところ、創価大の卒業生には、政治の世界に入ったものは普通にいた。地方議員をやっているものなら、それこそいっぱいいるので、そんなに大きなことに挑戦するという感じでもない。ふと用を思い出して立ち上がるように、「では、俺もなるか」という感じであった。

うちの親父について語るとなると、親だから多少偏りのある意見にはなっちゃうだろうが、一応の存在感を持った政治家だったと思う。功罪ともにある人間であった。

その男、長井《ながい》孝雄《たかお》は武蔵村山というところで、公明党の市議会議員をやっていた。そんなに財政も恵まれていないところで、あるとき、ものすごく大きなスポーツセンターだったか、何だかの施設を建設する計画が起こった。

箱もの政治の典型だが、そんなものに何百億円にわたるような支出をするなんて、ろくなもくろみではない。市の財政を脅かし、破綻を招きかねない事態に、親父はストップをかけたらしい。この政治判断は、評価できるかなと思う。

芳《かんば》しくないこともあった。公金を自分の政治家としての立場を使って、選挙民に対して利益を誘導していたことがあったのだ。これは利益相反に当たるわけで、明らかにアウト。功罪という部分では罪も多い。それがうちの親父であった。

学会ゴリゴリの家庭

うちの親父は、もう学会ゴリゴリの男であった。親父に限らず、うちの家族はみんなすごいんだけど、何となくキャラクターがちょっとずつ違っていた。男性と女性の違いもあるのかもしれないが、うちのおふくろは、純粋に、まさに宗教を盲信している女の一人であった。

給料が上がったとか、ちょっとした額の宝くじが当たったとか、臨時のボーナスが入ったとか、何かの手当が入ったというようなことは、どこの家庭でも起こっている普通のことだろう。そういういいことがあると、「創価学会の池田大作先生のおかげだ」という思考の結びつけ方をするのである。

家族の中で何か良好なことが起きたりすると、「やっぱり、しっかり信仰していたおかげだわ」と深くうなずく。「私と、池田大作大先生と波長が合って、それで今ご利益が出たんだわ」というような考え方をする。創価学会だけじゃなく、どこの宗教団体でもあるのだろうが、そういう宗教マインドにどっぷり浸かったタイプが、うちの母親であった。

おふくろのような思考方法は、うちの親父にも一定程度あるのだが、親父は、どっちかというと、創価学会が社会的に力を持っているところが、気に入っているようだった。公明党を持ち、政官界に大いに幅を利かせている。その創価学会の社会的な地位が誇らしかったようだ。

親父は、信心のご利益よりも、学会と公明党の影響力というところに関心があった。自分もまさに公明党の議員になっているわけだけれど、その自分のいる政界というところで、もっと大きな力を持つ位置に上りたい、もっともっと高い地位を築きたい、そういう野心を持ち続けた男だった。

だってね、アレでしたよ。

うちの親父は、死ぬ間際まで「いや、俺は総理大臣になるんだ」って言ってたんだから。そんな、なれねえよ。まず衆議院議員にもなってねえだろ。市議会議員だって、今もう辞めているだろ、って思ったけど、口にするのは我慢した。

親父という人間は、ちょっとそういう極端な人なのであった。

選挙活動なんでも一人

駅立ち戦略を立てる

私は、ごらんのとおり真っ黒な顔である。地ではなく、日に焼けてこんな顔色をしているのだ。屋外の活動をずっとしているから、夏はどうしても真っ黒に焼ける。ゴルフ焼けとかそういうわけじゃない。

この時期には、朝、挨拶運動をしている。法務省がやっている「社会を明るくする運動」というものがあって、その一環に市内の小学校・中学校のあいさつ運動がある。そんなのもあって、外に出ることも多いのだ。

私は、選挙当日までの間、朝立ちをしていた。遡ること1年半前から朝の駅前で、一人立っているのである。ビラも配らないし、演説もしないが、通りすぎる皆さんに挨拶をする。ほぼ毎日そうしていた。

こういう選挙の準備のほかに、地域市民活動というかボランティア活動をしていた。障害者ボランティアをやっていたり、防災とか、町の美化運動というのか、駅前の雑草がひどい所の除草とか、がさ藪の樹木の剪定《せんてい》をしていた。そういうことをずっと続けていると、さすがに見ている人がいる。

１カ月前に始めたんじゃだめ。１年半前からやっていなきゃ。さすがに1年半もやっていたら、「これは、にわかでやっていないな」という感じを有権者は持つだろう。きっと、通じたんじゃないかな、と私は思う。通じるというのは、道路や鉄道やトンネルが開通する快感と同じである。それが起こる。

その後もずっとやり続けているから、付け焼き刃でないことはもう疑いようもない。はっきりいって、こういうことは、もうバレるんですよ、その狙いが。「バレる」と自分でいっちゃいけないけど、実際そうなんだから。

半端なやり方では、信頼という心は目を覚さない。人というものは、疑り深いものである。すぐ、どうせお前は……という目をする。しかしこれだけ徹底して、今もまだやっているとバレない。言葉は悪いですけど、私はバレていない。

何を証明するか

バレていないについて、もう少し話してみよう。

毎朝駅前に立っているだけであったが、いろんな所へも行った。そうすると、西東京市のいろんなエリアが見えてくる。いろんな場所がそれぞれどういうものなのか、どういう特徴があるのかも、頭に叩き込まれてきたのだった。

西東京市の交通事情はちょっと変わっていて、合併前の保谷市と田無市を通っているのは同じ電車ではない。北の西武池袋線と南の西武新宿線で、その間がちょっと不便。南北につなぐものとしては関東バスか西武バスしかない。

そういう西東京市での朝立ちは、どこに立ってもいいようなものだが、駅頭に立つというのが一番基本でしょう。朝一番からだから、なかなかイメージがいい。

1カ月前からやったんじゃ、いかにも選挙っぽいので、さわやかでも本気そうでもない。1年半前からやっていたら、さすがに本気でやっているし、他の人とも差別化ができる。そんなに前からやっている人はいない。

よくて半年前。長くても1年ぐらい。9カ月前からやっていたら、「よくやっているね」といわれていた人がいたけれど、私はその倍だから。

人が見ての評価なんて、「あいつは頑張っているな、だから頑張ってくれるんじゃないかな」みたいな単純な感覚だったりする。頑張るということの内実は、やっぱり継続性だ。1年半という期間は、「この男は継続できるんだ」っていうところを証明している。

バレていないとは、この証明のことである。

立憲民主党の野田佳彦《のだよしひこ》さんは、今でもやっているらしい。そういう継続した行動で、野田さんの人気はあり続けている。私は、野田さんと違って、別にそこでチラシは配っていない。ただ立っているだけ。

家から駅に行くまで、片道1時間5分だから、往復2時間ほど歩いている。だから歩いているところを見ている人もけっこういて、毎日だとそれもまた大きい。

ぶっちゃけた話、わたし的には、それで票になるんだったら、健康にもなっていいんじゃないの、他の議員はなんでやらないのかな、と思っているぐらいである。

選挙運動期間の問題

私の選挙活動は、ほとんど一人でやったみたいなものであったが、応援演説は予想以上の弁士がやってきてくれた。有名どころは特にいない。水道橋博士《すいどうばしはかせ》に来てもらいたかったけれど、彼はそのときうつになっていて来られなかった。

選挙期間というのは短いわけで、1週間しかない。その短い7日間で30人くらいの応援演説弁士が来てくれたのだった。ありがたいことではあるが、人がかぶったりして、その人たちをどう気持ちよく応対するかという大変さはあった。

これは選挙期間中の話ではないが、ポスター剝がしはひどかった。どういうやつらのしわざか知らないが、同じ場所で15回ぐらい剝がされたこともある。

家からまあまあ近いし、ポスターもいっぱいあるから、「何回でも剝がしに来い」って感じで、剝がされたらまた即座に貼っていた。

こちらには見えないところで剝がすのもあるし、直接「剝がせ」と言ってくることもあった。ポスターは、自分の知り合いのお宅に貼らせてもらうことが多い。

そこに創価学会員がやってきて、インターホンを押して「こんな所に貼っていたら恥ずかしいから剝がしなよ」というようなこともあった。

そういうよけいな指図をするような方が現れると、やっぱり、ここでひと揉めしちゃうわけであった。

立候補者のための掲示板に貼っているポスターを剝がしたり破いたりするのは、公職選挙法の選挙の自由妨害罪で、かなりの重罪。ただ、塀や家の外壁など、道端のやつは器物損壊という程度なので、そこまでの罪には問われない。

不届きものを懲らしめようとしても、実際に剝がしているところを押さえないとだめ。それならカメラを仕込めばいいというけれど、他人のうちだったりするから、どこにカメラを仕込めばいいんだ、っていう話だし、夜間でも撮れる赤外線カメラにしなきゃいけないけど、そこまでやるのもしんどいし、ということになって、結局はそれでちゃんちゃんとなるのである。

こういうことをやる市議会議員になりたい

6つの柱

西東京市の市議会議員になったらこれをやろう。ビジョンというのか、志《こころざし》というのか、一応自分の頭の中にはいくつかの柱があった。6つのテーマを考えていた。その中心になるものは、立地の活かし方であった。

西東京市は、ヒト・モノ・情報が行き交う中継地点として、非常に優れた、恵まれた立地である。私はそう思っていた。それなのに、有利な点を使いこなせていないところがある。そこに知恵を出せば、西東京市自体がより素晴らしい発信ができて、西東京市自体で仕事ができるようになるはずである。

お笑いで人の悪口を考えるのも面白いが、こういうことを考えるのも、じつに新鮮で面白いのである。この面白さを、政治家を志して初めて知ったのであった。

私は、それまで頭の半分しか使っていなかったのか？　新たに動き出したもう半分の頭で、どんなことを考えたのか、そいつをお話ししてみる。

ＩＴ関連企業の誘致

企業でも何でもそうだが、西東京市に来たくなるようなそういう場所にしていきたい。それをいろいろと考えてきた。現在、完全誘致というのはない。

海外のＩＴ関係のデータセンターが建設されるという海外ニュースが報じられたこともあったが、これは誤訳による誤報であった。ただ、〝東京〟と名の付いた市のわかりやすさは海外の企業からするとアイキャッチであり、利用啓発すべきところではある。

賑わい創出

私の力だけでは、もちろんできることではない。人がたくさん訪れる。その結果として、西東京市全体の収入を上げていけるようなことを仕掛けていくのである。

それが、賑わいの創出。また市税の増収ということになる。皆さんが遠方からでも来たくなるような、そういう魅力ある何かが埋もれてはいないか、それを研究する。

自分の魅力に気づかないで、一人でポツンとしている人がいたら、「あなたはとても目が綺麗だよ」と教えてあげたいでしょう。じつは西東京市には、そういう気づかれていいない美しい瞳があるのだ。なければつくるのだ。「こうしてみようか、ほら美しくなった」と。

防災

生活の安全がなければ、暮らしは成り立たない。だから、防災ということを、私は訴えてきた。消防団の人たちの待遇の改善と増員。これが核になる。それを私は、市内での演説でも議会でも訴えている。

地元の消防団は結束が強い。商店街のおっさんやお兄ちゃんが中枢メンバーになって、それを支えている場合が多いようだが、大体皆さん自民支持である。

タブレット英語教育

教育については、英語をもっと何とかしたいと思っている。私は英検1級を持っていて、企業などで実践的な英語を教えたりもしている。言語は使えてなんぼである。コミュニケーションは楽しい。異文化の人とそれができると、さらに楽しいのだ。

愛が生まれれば、もっともっと楽しくなる。まずはその前段階にあるのが、学校における英語教育。タブレットを使った教育を、もっと拡充していくことが必要だ。

最終的には、オンラインを使った英語のやりとりにつないでいけるような、ネットワークを構築する。そういう構想のもとで、今は、タブレットを使ったその英語の学習をもっと拡充していく。そのことが重要だと私はみている。

現在、西東京市の小学校・中学校で、教育カリキュラムに対応して、英語の学習の中にタブレットを使用する学校が増えてきている。これは光明。私がつねづね言っていることが、叶ってきてはいるよね、というところですかね。

カルト問題

カルトに関しては、私がやらないで誰がやる、という問題なので、まだまだ啓発を続けていく。２０２２年12月に、「宗教の信仰等に関係する児童虐待等への対応に関するＱ＆Ａ」というガイドラインを厚生労働省が通達した。

それを私は、議会で取り上げてきた。西東京市の小学校・中学校でも、そのガイドラインをより現場レベルに適用して、カルト被害に遭っているもの、特に子どもたちを少なくしていく。

議会の予算委員会とか一般質問等でこの課題を掘り下げてきたが、どうもはかばかしくない。担当職員は、ただ「これからもしっかりやっていきます」と言うだけ。言うだけはタダなんで誰でも言える。ずっとそんな感じで、本気になっていない。

これからさらに、具体的に、もっともっと入っていかなければいけない問題である。その活動のための予算を、まずつけるということである。

旧統一教会に関しては、西東京市で問題化している疑惑がある。市長が統一教会から票をもらっているのではないか。そういったところも、追及しているというところである。

この市長は、もともと西東京市役所の役人上がりで、副市長だった。ずっと役人人生を過ごしていた人が、自公で推してもらって、それで市長になったのだが、前回の選挙でちょっといろいろみそつけちゃって、刑事告発もされたりしている。

統一教会は、西東京辺りで頑張って1000票ぐらい。創価学会は、1万票は叩き出す。両者の間に協定はあるのかというと、これは私の推察と私見だが、ないと思う。

統一教会、創価学会の会員同士のレベルで、この時期は一緒にやりましょうとか、ここは住み分けてやりましょうとか、会員同士で交流しましょうとか、そういった協定とか協議というのはないと思う。

この二つの宗教は、もともとの教義が違うし、その教えの性質上、接触すればかなり軋《あつ》轢《れき》が生まれる。だから現場レベルの会員が交流をしたり、選挙協力するということはないだろうが、上のほうではまた別だろう。

平穏を求めれば、やっぱり住み分けを意識せざるをえないし、実際に、統一教会の大きな行事があれば、創価学会の方がちょっとお花を持っていくとか、祝電を打つとかはしている。当然その逆もあるでしょう、ということで、上のほうでは、ある程度の話はしているだろう。

そもそも、学会の幹部になればなるほど、信仰心がなくなってきて、より政治的な感覚になっていくので、そうあっても全然おかしくないのである。

甘汁利権

私は、議会で取り組みたいテーマを色々想定して調べていたが、議員になってみて、初めてわかる仕組みというものもある。

甘汁《あまじる》利権とか、甘汁人事と私は呼んでいるが、市議会にはそれがけっこうあるのだ。おそらく議員しか知らないだろう。議会には評議会とか委員会がいろいろあって、おいしいやつを各会派が奪い合っているのである。

そういう議会内の人事をどうやって決めているのかというと、ドント方式という選挙のときのやり方を使っている。

「ドント」とは珍妙な命名だが、この方式を考えだしたベルギーの法学者の名前だそうで、議席が多い順に、何の人事を取るかの優先権を持つ。そういう設定でやるから、いつも自民党が一番おいしいやつを取る。西東京市は自民党が9人いるので、最初に手を伸ばす。甘汁利権には、一部事務組合議会に年間3回行ったら40万円超えという極甘なやつがある。そういうおいしいのをみんな欲しがっている。

例をあげると、昭和病院企業団議会の議員がそれだ。東京都多摩地区の7市、小金井《こがねい》市、小平《こだいら》市、東村山《ひがしむらやま》市、東久留米《ひがしくるめ》市、清瀬《きよせ》市、東大和《ひがしやまと》市、西東京市で構成される一部事務組合で、公立昭和病院を設置、運営している。

公立病院の運営財政の審査をする議会があり、当該市から2人ずつ広域連合委員会が選ばれて議論するのだが、年に3、4回開かれる。

広域施設はほかにもある。柳泉園《りゅうせんえん》というごみ処理施設があって、これも結局市をまたがっているから広域施設の1つで、やっぱり議員派遣の対象になる。年間5回くらい行ったら35万とか20万とかで、これもまた大きい会派順に取っていく。

ほかには多摩六都《たまろくと》科学館。ここは年3回の議会で10万円だ。

多摩六都科学館は、多摩地区の広域連合の施設の1つで、この科学館自体は立派なものである。

近所の人しか知らないだろうが、新青梅《しんおうめ》街道沿いに高い西東京タワーがある。昔は、田無タワーとかいわれていたが、そのタワーの下にあるのが多摩六都科学館。

巨大なドームに、２億個近い星を映し出すプラネタリウムが売りになっているし、観察、実験、工作などの体験ができる施設である。授業の一環として見学に訪れるので、多摩地区の生徒たちはよく知っている。

最寄りの駅は西武新宿線の花小金井《はなこがねい》か田無だが、電車や歩きでは、ちょっと行きづらい。この多摩六都科学館は、多摩にある西東京市（田無市＋保谷市）、小平市、東村山市、清瀬市、東久留米市の五つ（旧六つ）の市が共同で運営している。

この組合議会では、多少は審議、採決はあるんだけれど、そんなにやらない。私は異議を唱えているわけではないが、このことは議員になるまで知らなかった。

それはそれとして、とても素晴らしい施設なので、遠方の皆さんにも、車でぜひ来館していただきたい。ご家族で感動して「西東京市はけっこういいな」と見直していただきたい。これもまた賑わい創出の一つである。

無所属の議員である私はというと、無報酬のものが残っていたから、それを選んだ。仕事に報酬はつきものだが、議長を選んだり、副議長を選んだり、あとはいろいろな委員会があるので、各委員会の委員長を選ぶ。これらのポストは、みな報酬が入る。

議長の場合は通常の平議員より10万円、毎月高い。ボーナスもさらに高くなる。ベースに報酬が組み込まれるからすごく高くなる。数を持っている会派が、報酬がいいポストから次々に取っていく。議会というところは、そういう仕組みになっていたのであった。

市議会議場の戦い、議場外の戦い

議員とハラスメント

西東京市議会の議員構成はどうなっているのか。西東京市の議員定数は28名である。内訳は自民9、公明5、立憲3、共産3、地域政党の生活者ネット2、維新・国民2、無所属4。私は無所属の4の中の1人である。市議会では、自民、公明の14と立憲以下の14が対立勢力となっている。

私が議会に入ってすぐに、議員にパワハラ問題が起きた。小《こ》峰《みね》和美《かずみ》という無所属の男性議員が、まわりの議員や、その議員のお子さんたちを恫喝《どうかつ》するパワハラ発言していると、『週刊女性』が取り上げた。

その問題がくすぶっている最中であったが、その小峰議員は常々「腰が痛いで」とかいっているわりに腰が軽く、田無のうなぎ屋さんのお座敷で、コンパニオンを膝に乗っけて、楽しそうにうなぎを食っている写真を抜かれちゃったのである。

撮った人が、それをまた『週刊女性』に投げたので、騒ぎはいよいよおさまらない。2回ほど『週刊女性』から直撃を受けて、結局、コンパニオンうなぎが決定打になって辞めてしまった。

そんなことがあったから、パワハラとか、素行の問題がちょっと出たら、すぐリークされるぞと、議員のみなさんはビクビクしていた。これが私の議会入り初期の印象であった。週刊誌の影響というものはけっこうあって、市議会レベルだとやっぱりでかいのである。私もいろんな週刊誌の人を知っているので、まわりに「何かあればつなげますよ」とは言っていたのだけれど。

会派をめぐる駆け引き

14人いる自公が市長側ということになっていて、対抗勢力のこっちも14人。だけど、ちょっとややこしいことに、そのうちの日本維新の会と国民民主党が2人いて、会派を組んでいる。われわれは、この会派を異国民と呼んでいた。異国民は、議案によってはちょっと寝返る。あっちに行っちゃうときがあるいわゆる「ユ党」であった。

ユ党とは「や・ゆ・よ」の「ゆ」。与党でも野党でもないユ党で、癒着の「ユ」かもしれないが、「あいつら中途半端でユ党だよな」という政界用語の1個である。

私と同期で入った新人議員がいた。彼らは国政政党の新人で、立憲民主党から２人、日本共産党から１人、公明党から１人、国民民主党から１人。自民党は誰もいない。無所属新人は私だけだった。

議会でちょっと問題があったりすると、新人議員の私に、先輩野党議員はよくこう言った。「もう長井さん、この話さ、長井さんのＳＮＳに書いてよ」とか、「これは問題だからさ、それは書いたほうがいいわよ」とか言いに来るのであった。うるさく「書け、書け」ばっかりで、「カケハラか、これって」と思ったりした。

私も政策論争に当然入っていくのだが、細かい政策だと、新人議員は財政的なことについての知識がまだまだ足りない。だからなのか、「ＳＮＳで火をつけろ」みたいなことを役割として言ってくるのであった。

廃止されたはずの年金

議会の予算を見ると、よくわからない費目で年間５０００万円くらい出ているものがあった。きいてみると議員年金である。議員の年金はもう廃止されたはずなのだが、議会費からまだそれが出ている。

具体的に誰に、いくら払っているのかわからないが、西東京の市議会で３期以上務めた人に支払う議員年金であった。市の財政規模にあわせて算出された額で、全国共済組合に拠出しており、その総額が５０００万円というわけだ。

廃止された後、まだ支払いが残っている分のお金である。そういえば、うちの親父なんかは３期やったので、年金が、うちの母親に入っていた。これは議会費の中から出ていたものであった。年間５０００万ということは、50万だと１００人だから、結構な数、お金が出ちゃっている。

若者支援事業

若者支援事業というものがある。学生や若い人たちに対して、学業の支援をする。お金を支給するとか、授業料の補助をするとか、とにかく若者に対する支援事業を、西東京市はやりましょうという話だった。

ところが、令和６年の予算を見ると、それがない。当初予算というのだが、「１年間をこれぐらいの予算でやりますよ」という事業の中に、あるべきはずの若者の支援事業が全然なかったのであった。

野党勢が「こんな予算じゃだめだろう」と、現在の与党の自公とやりとりをした。当初予算にはなかったけれども、途中で若者支援事業をしっかり組み込むようにする。補正予算で支援事業費を入れる。そういう付帯決議をつけて、それで予算を通した。

それはやっぱり数の力があったからで、それによって若者支援事業を西東京市も出すことができたのであった。議会が割れたわけじゃないけれど、小学校・中学校の給食費の無償化は、西東京市では令和６年からやっている。市議会では、メインの仕事として、市に入った税金などをどこに使うか、その議案を議論決定しているのである。

政治と金の問題

議案というような大きなことではなく、意見書というものがある。国とかに対して、西東京市としてこうしてほしいという意見書を書いて、それに賛成するか、反対するかを議論する。これも議員の仕事ということになる。昨今、裏金問題に関する意見書を議論した。自民党から出た意見書の内容は、奇妙に抽象的なシロモノであった。

裏金というものを、きっちり正していかなければいけない。それはいいことなんだけど、結局、政治資金パーティーを廃止するというわけでもないし、パーティー券のその領収書記載のことに関しての明言もない。

文言としては、やらなきゃいけないんだといっているんだけれど、じゃあどこまでの規制をするんだということには触れていない、いわゆる企業献金自体に関しても、ちょっと考えなきゃいけないんだけど、そういうことにもやっぱり触れていないのである。

政治献金について、共産党から出された意見書には、企業献金の廃止、政治資金パーティー自体も廃止という文言が書かれていた。

そこで互いに質疑応答をやり合って、通常は本会議は2時間ぐらいで終わるのだが、その日は5時間ぐらいかかった。結局、いわゆるユ党の維新・国民が自民党案に賛成して決着した。やっぱり野党といっても考えがさまざまあるな、完全にまとまれないこともあるなと、新人議員は思ったのであった。

市長と議員が対立する二元代表制

全国的な問題

私の立場、主張は、今の西東京市の市政に対してすべて否定的という感じではない。市の問題でもあるが、一種、全国的に問題になっているようなイシューに関しても、議論のテーマとすることが、私の場合には多い。だから他の議員とそんなにすごくぶつかるという感じでもない。

全国的な問題というのは、児童相談所の子どもの連れ去りだったり、いわゆるカルトの宗教二世の問題であったり、新型コロナウイルスワクチンの健康被害の問題だったり、ごみ回収の問題のような案件だ。市の問題でもあるんだけれど、現代の普遍的な課題で、私はそれを取り上げるようにしている。

ただ一人きりで反対する課題もある。新型コロナウイルスワクチン接種事業に関しては、いろいろ問題あるけれどもといいながら、最終的には皆さんだいたい賛成になっていく。

私は反対である。完全に一人だけで反対している。

どっちかの陣営に入ってやり合うというより、もう私は断固反対です、という感じで、野党も与党も関係なく、孤立して戦うという構図も多いのだ。

二元代表制の市議会

国会だと、いわゆる立法府と行政府があって、立法府の議員たちは、委員会でも本会議でも、行政府を構成している自公の内閣と対峙してやりあう。「この問題について、総務省としてはどういう見解なんですか」とか、「総理大臣の見解は」とか、「法務大臣にお伺いします」とかの質問をして答弁を求める。

官僚の方が答弁することはあるけれど、そこで行なわれるのは、基本的に議員同士のやり取りだ。市議会は、二元代表制で、市長がいて、市長を補佐する副市長がいて、議員は、市長に見解を求める。対峙しているのは、議員対議員ではない。あくまでも議員対市長なのだ。

市の行政主体は、市長だけが選挙で選ばれている。うちの市長はもともと役人だけど、市役所というところは、公務員試験で選抜された地方公務員の集まりである。彼らが地方行政を支えている。

市議会では、議員同士でやり合うという感じではない。議員同士は、会派ごとに考えの相違はあるけれども、議員が主張をぶつけるのは市長相手なのだ。

ここが国政と大きく違うところである。広島・安芸高田《あきたかた》市の市長だった石丸伸二《いしまるしんじ》さんがSNSでやっていたのは、市長と議会の対立であった。その様子が面白くて、YouTubeの切り抜きでけっこうバズったりしていた。

西東京市の場合も、その対立は面白いかというと、そうでもない。市長は自公派なんだけど、あからさまに自公派だとはいわない。市長に立ち位置を問いただすことはあるけれど、いったところで、官僚答弁しか返ってこない。

もともと役人だった人が市長になっているだけだから、まあ、そういうことになる。議員は、拍子抜けする官僚答弁をするとわかった上で、次の質問をどうするかを考えている。

他党議員との仲

自民党さんには、一定の話をする人もいる。人脈というか、話の通じる議員同士のやり取りである。そういう交流は、公明党とはゼロ。議員同士のふだんからのやり取りが、根回しという日本人の得意技になるのだが、それが生きるのも内容によってである。

特別会計で下水道の事業に関して審議をするとき、そこには公明党独自の案とか、私独自の案というのはない。そこは、賛成は賛成だよね、で終わっちゃうわけだ。

各党の独自案が出てくるとどうなるか。私と公明党で、直接意見を交わすということはない。あくまでも市の行政に対して質問するという進め方なので、議会で、あるいは委員会で、私が直接公明党にきくということもないし、公明党が私にきくということもない。

コロナウイルスワクチンに関しては、完全に私と公明党は意見が逆である。賛成討論、反対討論をするときに、見事にその違いが浮き彫りになった。

私は、もちろんワクチン全体を否定しているわけじゃない。ただ、コロナウイルスワクチンに関しては、厚生労働省が発表（令和6年9月）しているだけでも、700人以上の死者が出ているし、それはまだまだ続いている。

審査していただくにも、時間がものすごくかかっている。いわゆる超過死亡だけでも60万人以上だから、厚生労働省は認めていないけれども、因果関係的には確実にコロナだよな、という人が相当数いらっしゃる。

健康被害が出て、西東京市でも1人、ワクチン接種によってお亡くなりになった。市長は、そのときには「もっとリスクをうたわなきゃいけないんじゃないか」とか一応いっていた。

しかし、時間がたつとまた何もなかったかのように「コロナウイルスワクチン接種が心配な方がいるから、市でもワクチンを入れないといけないですね」みたいな理屈になっている。

公明党さんはずっと「このおかげでコロナのクラスターが防げた」とか、「だからしっかりとした拡充が必要ですね」みたいなお追従、おべんちゃらの答弁をしているという始末である。だから、私と公明党さんとは、コロナウイルスワクチンではつねに「反対」「賛成」とやり合っている。

フォローするか対立するか

共産党さんが出した意見書について、私が賛成討論したりすることもあるし、反対することもあるしで、要するにその案件次第である。たとえば介護保険に関しての今回の改正には、私は反対をした。日本共産党さんの3人も反対だった。

裏金問題では、私は共産党さんの意見を最大限フォローした。でも、共同親権という親権問題では、真っ向対立したのであった。

親権問題は、私は選挙の前から公約に掲げていて、ずっとその活動をしてきた。私の掲げた公約の中で、達成しているものの一つが、この共同親権だ。ずっと、「共同親権で救われている人が相当いる。国際的に見ても、今では共同親権に推移している」と言ってきた。

ところが共産党さんは、「共同親権になることで、虐待被害に遭っている人たちが守れるんですかね」とかなんとかいって、別の観点を問題にしてきた。それを、また議会の中でやりあっているのである。

こんな具合に、議論は、ものによっては与党・野党で完全に分かれない。それぞれが、主張しているところは主張している。お隣の、お隣の杉並区の議会を見ていると、あそこは主義主張のるつぼとなっている。

極右から極左までいるので、傍目《はため》から見ていると、ちょっと面白いっちゃ面白い。一般質問を聞いていても、思いますよ。すごいな、ここ。

西東京市の未来の大きな絵を描く

人口動態を見る

地方自治体は、人口動態を見て、それで計画を立てていく。西東京市はどうかというと、20万人ちょっとぐらいで、あと４年後ぐらいにＭＡＸになる。そして、そこから下がるという予想をされている。

約20万とは、どういう位置かというと、東京26市の中だと人口的には多いほうで、４番目か５番目。人口が多いのは八王子で、古くから栄えた歴史もあり、そもそも面積が大きい。

西東京市は、20万で何ができるのか。そこを考えていかなきゃいけない。私も、選挙に出る前からそこを考えてきた。

西東京市は、立地的に東京の真ん中に位置しているから、それを生かす。ヒト・モノ・情報が行き交えるような、ハブになることを目指したらどうか。そのハブを存分に利用していただけるように、行政アピールをしていく。そのことによって、周囲と一緒に繁栄して元気になる。それを目指して、西東京市は本格的にやっていくべきだろう。

西東京の南は武蔵野市とか三鷹市だから、中央線沿線からも来られる。西は埼玉の所沢からも来られるし、東は副都心である大新宿がひかえている。北には埼玉の大宮といったビッグシティがある。そこから、物流もそうだし、人の流れも、じゃんじゃん西東京市に注ぎ込んでくるようにする。

こういったネットワークの便利さを、都市計画の中にもしっかりと組み込んでいくべきだと私は考えてきたが、これまでの西東京の都市計画には、残念ながらそれがなかった。町を賑わいにしましょうとか、この辺は駅が近くて生活圏内ですとか、この辺は緑がありますとか、いわゆるどこの市区町村もやっている、ごくごくありきたりな地域計画にとどまっていた。

そこには、重要な視点がスポッと抜けていた。西東京が他の地域とどうつながれるのか、どういうふうな連携性、連関性ができて、それで経済的にどう動かすことができるのか、という視点である。これは大変にやりがいのある課題で、私も、今あちこち資料を一心に読みまくって、あれか、これかと構想しているところである。

その構想の実現のためには、市議会議員として、市長にさらに提案していくことをしつづけるかもしれないし、それがかなわないのであるならば、何か違うことを考えなきゃいけないのかもしれない。しかし、まだそこまでは手が回らないでいる。

財政収入を拡大する

まだみんなの目によく見えていないことで、市でできることがある。そこをみんながわかるようにしていくのが、自治体の政治家じゃないかなと思う。西東京市という自治体の計画を、今までのありきたりなものじゃなくて、あざとく外貨を稼ぐじゃないけれど、力強くお金が動くような感じの絵を描けないといけない。

こんなことを新人議員がいうと、誇大妄想といわれかねないところがある。でも、私はいうのだ。だいたい西東京の市民は、安心で穏やかで、特に問題なく食っちゃ寝できればいいみたいな感覚なんだな、はっきりいっちゃえば。まあだいたい、どこでもそうなんだろうけれど。

ただ、西東京市は大きな人口もあるわりに、法人税も少ないし、財政の収入が少ない。したがって、財政調整基金も少ない。

財政調整基金というのは、簡単にいうと、個人でいう貯金。つまり金融資産。その財政調整基金があることで、さまざまな不測の事態があったとき、そこにお金を充当できる。

たとえば災害があったとき、すぐそこにお金を投入して、被災者を救済する。

そういう貯金を財政調整基金といっているが、自治体の投資的事業にも使っている。若者支援をしようとか、ここを開発しようというのが投資的事業で、それを実現するには新たな予算が必要になる。そういうものに使える貯金でもある。

この財政調整基金は、20万都市の西東京で40億円なのだ。これって、安いのか高いのか？　40億は、さまざまな補正予算が組まれてお金が充当される場合にはまた減ったりするので、今はもう13億円ぐらいになっちゃっている。最終的に、会期末でまた40億ぐらいに戻すとは思う。

それで、何がいいたいかといえば、少ないんですね。低いんです。西東京市の場合は、一般会計が年間およそ８００億円。その20分の１しか貯金がない。

私もびっくりしたんだけど、足立区で「財政調整基金がいくらあるの？」と聞いたら、１７００億円ぐらいある。西東京市の43倍ある。人口は西東京市の３・５倍ぐらい大きいんだけど、いろいろなことができる。

西東京は全然できない。貯金が少ないが故である。これを解消する一つの方策が税収増である。西東京の税収が上がるような、財政が増やせるようなことを考えねばならない。

もちろん、都からお金を持ってくるとか、国からのお金を待っているというのはある。

でも、それには計算の方式があって、「ここならいくらいくら」って決まっている。あとは都の財政から、地方債とかを借りるという手もある。ゆくゆく、その事業が大きくなって見返りがあるというんだったら、地方債を借りるということがあってもいいのかもしれない。

でも何かあるごとに「借りてくる」ことを考えていていいのか。私が展望しているところでは、西東京にもっとお金が集まるような仕組みをつくるのが本筋ではないか。借りる派の議員がいるが、私は、未来に向かって金が入ってくる仕組みをつくる派である。そっちに頭を絞る派である。

ネットニュースになるものを

市としては、ちょっと足りないところかな、というものがいろいろある。まあ細かい話にはなるが、細かいことをこまめに改善していくのも大事なこと。政治も〝チリつも〟である。

その一つがイベント。小金井市だろうが、小平市だろうが、武蔵野市だろうが、どこでもいろんなイベントをやっている。それなりのお金をかけて、式典とかいろいろやっているのだが、やっぱり話題にならない。せっかくやっているんだから、もうちょっと何とかならないのか。そう思ってきた。

私なんかは、やっぱり芸能畑出だから、「同じだけお金をかけるんだったら、ネットニュースにしようよ」という感覚がある。ネットニュースにならなかったら、誰が見るの、それを知るのって話で、そこがやっぱり弱いなと思う。

遺跡のアピール

西東京市には、下野谷《したのや》遺跡という歴史的な文化財がある。縄文中期の、関東では最大級に近い環状集落である。

西東京には3つの川が流れている。川沿いに人は栄えるわけで、縄文時代には、そこに大きな集落があった。なかなか保存状態がいい形で発見、発掘されたのが下野谷遺跡。「しものや」という言い方をするときがあるが、今、行政としては「したのや」で統一している。

東伏見駅から南側に歩いて7分ぐらいの所にあるから、交通の便は悪くない。いわゆる竪穴式住居を復元して、訪れる人々がリアルにその当時の集落を体感できるようにした。それに2億5000万円ぐらいをかけた。

せっかくの遺跡である。除幕式をやったときには、私も楽しみにして行った。関東で最大級のものが復元できたのだし、体験施設もつくったんだから、ここは派手に「下野谷遺跡があるんだよ」ということをアピールしなきゃいけない。除幕式があってから、インターネットでどれぐらいパブリシティーされていたのかを見た。大いに不満だった。

コミュニティーメディアというか、地元のメディアがある。ほら、「ひばりヶ丘だより」みたいな、「どこそこニュース」みたいな、地域の人がちょっと見ているネットメディアがあるでしょう。それに２件ぐらい出ていた。あとは東京新聞だったか、大手のマスコミが１紙と、コミュニティー紙が２紙。それしか報道されていない。

これじゃだめだなと私は思った。

私が市長だったら、もっとその歴史系に関心のあるYouTuberの人だったり、歴史家関係だったり、芸能関係の人を呼んで、全国規模でみんなが刮目するようなパブリシティーをするのにな。そう思った。私だったら、バンバンバンとそのくらいのことはカマシますけどね。

条例をつくる仕事の裏側

条例のつくり方

地方自治体の場合、国での法律にあたるものが条例だ。私はどんな条例をつくったのかというと、ありませんね。一本も。条例の実態は、国で決まったり、都で決まったりしたものを、おたくの市でも認めてくださいというふうに、下りてきたものがほとんどである。

国が介護保険を改正したから、それを西東京市でも認めて実施するとか、ソーラーパネルの設置に関して建築法の改定をするから、西東京市もそれを認めてくださいとか、そういうものである。市がそれらを実施するために、条例をつくったり改正したりするのである。

保育士の待遇改善として、住居手当を増額する。スキルを上げる勉強に補助金を出す。保育士に関して、国や都が決めたものを、市でも認めるために条例をつくる。そういうものがほとんどである。

極端に細かい話もある。建築工法で、ゼッチとかゼブといっているが、耐震用の釘を今まで6ミリだったのを8ミリにしなさいとか、そういう建築基準法で改正された案件も下りてくるのである。これも条例にされる。

たばこに関すること

喫煙に関して他の議員はいろいろ議論しているが、私はあんまり関心がない。喫煙禁止のエリアを決めるとか、罰金を取るとか、そういうようなものも条例にする。うちの議会は、やたらとたばこを吸う人もいるので、駅前にスモーキングエリアをつくるとか、灰皿をつくるだとか、灰皿をつくったって汚くなるだけだからやめたほうがいいとか、侃々《かんかん》諤々《がくがく》議論している。

たばこ税は、まあまあいい収入になっている。たばこは、ほとんどが税金。その大部分が地方自治体に入る。西東京市は20万人都市で、毎年10億円のたばこ税が入っている。これは、けっこう大きい。

給食費を無償化するのにいくら必要なのか。実際は東京都からもお金が入ったからできたのだが、市だけでは7億円必要だった。たばこをもうちょっと吸ってくれれば、市だけでできちゃう話なのである。

だからといって、たばこをどんどん吸いましょうとはいえない。そこが、いつも痛しかゆしになっているのだが、正直、たばこは、いい財源にはなっている。市の財源が800億円あるうちの10億円だから、80分の1はたばこ。これはでかい。

消費税の一部も入る。地方消費税という名目の交付金として市に入ってくる。そのための算定方法があって、このぐらいの財政規模で、こういう人数だったら、これだけの消費税分の交付金を、国から西東京市にという形である。だから、無所属議員でも消費税を下げるとか廃止するとかには、けっこう反対する人がいる。

弱者をどうするか

西東京市もどこもそうだけど、やっぱり生活保護に関しては、微妙な問題がある。触れることに一種の危険があるから、まあタブーといえるだろうか。西東京市は50人に1人。20万で4000人の生活保護受給者がいる。

一般会計の予算は年間800億円あるのだが、生活保護で73億円、約10分の1は消えている。

生活保護は、公明党、共産党が力を注いでいて、申請のときに議員がついていくと通りやすいという噂がある。本当は働けるのに、働けないといってお金をもらっている人がいるという話も絶えない。申請に関してはマニュアルがあるから、それにしたがって申請を進める。

精神的な疾患があるといって、いわゆる心療内科に行く。そこで診断書をもらって、「働けないです、精神的に弱っています」といえば、だいたいそれで通っちゃうんですよね、なんてことを軽々しくいえない。よくあることなんだが、公然とはいえない。だからタブーといえばタブーであろうか。

議会の品位を落とすような発言をすると、動議が出されて懲戒される。そういうこととはまた別次元なので、私は別にタブーとも思っていない。問題があると思えば、なんでもやるほうだから。

これは一般的にはそんなにタブーじゃないんだけど、みんなが触れるのを怖がる高齢者問題に異議を唱えている。高齢者福祉に予算がぶ厚く組まれているし、高齢者のみが享受できる高齢者福祉施設というのがいっぱいあって、このことに関してはちょっと私には異議があり、発言を始めている。

高齢者医療や高齢者福祉を拡充するという意見は、皆さんいうのであるが、逆の立場の意見となると、議員さん自身にとっての不利益が生じかねないから、あまり触れようとはしない。高齢者の議員がけっこう多いのである。公平性とか、将来的な市の発展への展望を考えれば、若者に対する対策がより必要であろう。

タレント議員の系譜

第一号は野球選手

タレント議員と創価学会は昔から関係が深い。創価学会が支援したタレント議員の第１号は、参議院の大阪選挙区から出た白木義一郎《しらきぎいちろう》という元プロ野球選手。公明党はまだなくて、創価学会は、参議院にのみ議員を送っていた。だから白木は「創価学会系議員」という位置づけであった。

白木は、東京六大学リーグで慶應のエースとして活躍し、プロ野球選手として有名になった人だったから、たしかにタレント議員の草分けだ。タレント性を評価されたのかというと、そのあたりは微妙で、彼は池田大作夫人の従兄弟だった、という裏もある。

その後、公明党ができると、松《まつ》あきらさんとか、沢《さわ》たまきさんとか、ああいうヅカの創価学会員を国会に送り込む戦略を立てた。

青島幸男《あおしまゆきお》さんとか横山《よこやま》ノックさんといった、知事になったお笑い系タレントがいた。青島さんはお笑いの台本を書いてはいたが、多才な人で、いわゆるタレントである。千葉県知事になったのは森田健作《もりたけんさく》さん。東国原英夫《ひがしこくばるひでお》さんは地元の宮崎で知事になった。国政にも出たりしたが、今はコメンテーター。

私も、お笑いでテレビに出たりしていたので、まあタレント議員ということになるのだろう。政治家になって、所属していた事務所のタイタンを辞めた。タイタンとは、爆笑問題、ウエストランド、橋下徹《はしもととおる》を擁する芸能事務所である。

政治活動をしていく上で、タイタンでの仕事と自分の政治活動を切り離すことにした。最終的には、円満退社という形で辞めることになった。

タレント事務所とタレント

円満退社ではあったけど、実際は、ややギクシャクしたところもあってのことだった。最後は、別々のほうがやりやすい点もあるので、それぞれ別れたほうがいいんじゃないですか、という形で決着した。

ギクシャクといったって大した話じゃない。

私もYouTubeにいろいろ出ているが、あるときにタイタンの話もちょっとしてくれといわれて話したことがあった。太田光《おおたひかり》さんはこういう人ですね、とかって人物評をしたわけだったが、それにいたく怒っていたのが光さんの奥様であり、タイタンの社長である太田光代《みつよ》さんで。

いや全然、内幕っていうほどのものでもないし、ただ人物評として「太田さんもちょっと賢いと思われたいようなところがあってね」っていう話とか、「そんなに政治のことも詳しくないんだけど、まあそういう人なんですよ」みたいな話をしたら、それに対して怒っちゃったという。まあ、そういうようなこと。

太田さんとか爆笑さんたちは、自分たちのことをいわれるとちょっと嫌がるみたいなところがあって。太田さんがどう思ったのかはわからないけど、奥様が過剰な反応をしちゃって。それで、タイミングとしてはいいんじゃないか、というので辞めたという感じであった。それがことの真相。

芸能事務所にいることには利点がある。

議員になっても芸能事務所にいる利点がある。ギャラの問題である。政治家として出ると、文化人枠に入ってしまい、ギャラが安い。

だから皆さん、タレントとして事務所に入っていってギャラを上げているわけである。

橋下徹さんとか、東国原さんとかがそうだけど、まあいろいろね、ありますよ。

私は、議員になってもあれこれのテレビ番組に出たいのかといえば、そういう色気はない。そもそも、話がこないでしょ。むしろ、昔出た番組をちょっと再利用したいとか、いじりをしたいのでいいですか、とか、そういうのがくる。

「いついつ無事に使わせていただきましたので、お振り込みさせていただきます」みたいなメールが来るという流れだから、昔の番組でちょっと小金を稼いでいるみたいな、そんな感じですかね。

テレビよりYouTube

TBSの日曜朝の『サンジャポ』とかのバラエティー番組から、「長井さん、出てくださいよ」といわれることもあるが、テレビには、今、あんまり色気はない。

『サンジャポ』は、聖教新聞とか創価学会の広告がけっこう入っていたりする。今や、宗教マネーがないと広告業界はやっていけないのだろうが、私の背景を知らない人が、「長井さんが出たら面白くなるでしょう」とかいって声をかけてくる。

当選してすぐに、Abemaから「出ませんか」というオファーがあった。私は別にいいんだけど、話してみると、「芸能界でいろいろ苦節があって、政界に何とか出た」みたいな形にしたいようだった。私は、メディアならなんでも出たいわけでもない。

出れば、私は創価学会の話題もある程度言うつもりだったが、先方は、学会の話題とかカルトの問題を話さないで、ただ昔芸能界にいたとか、それでどうしたこうしたの話がほしいのだった。

「それなら私は出ません」と断った。

学会の問題に関してこれだけ発信をして、そこで私が支持されたり、期待されているところもあるのだ。Ａｂｅｍａに出たら、急に何も言わなくなるというのも変なのでね。

創価問題をメディアで話すのは、なかなか難しいところがある。批判するという形じゃなくて、自分は宗教二世であって、生まれながらに宗教団体にいるという立場で話すのも嫌がる。

統一教会の家庭に生まれて、反カルト活動をしている小川《おがわ》さゆりさんのようなスタンスでも出られるけれど、やっぱり大手メディアはちょっと嫌がる。

やっぱりそこが限界だなと思っていますけどね。そんなこともあって、今ではむしろYouTubeとかでいろいろと取り上げられることが多くなった。

高齢者とYouTube

メディアの話のついでに、ちょっと選挙のことに戻る。都知事選では、ネット選挙がかなり幅を利かせていたといわれていたが、私が出た選挙でも、ネットの特にショートがすごかった。

ショートは、短いからやっぱり見やすいので、50万回再生とか100万回再生とか。すごいのだと400万、500万回再生とかしているショート切り抜き動画が、選挙直前ぐらいまで出回っていた。あれも相当効いた。

そのころ、高齢者の方に「YouTube見たよ」とよく言われた。70歳ぐらいの人とか80歳ぐらいの人がYouTubeを見ているのである。

もちろん、テレビを見ていることが多いんだろうが、見る人はYouTubeも見ている。だいぶメディアに対する見方も変わってきている。だから、私の選挙の勝因の一つは、やっぱりYouTubeだと思う。動画で演説しているのが、相当いろんな方に見られているのだ。

選挙区内の立候補者で、見られているのは私ぐらいしかいない。他の人は上げようとしないし、あまり興味も持たれていないけれど、私の場合はいろんなYouTuberが来てどんどん上げていっちゃう。

それを見た60〜70代、80代、特に男性が「長井さんのね、今見ているんだよ。はまっちゃうなあ」とか、熱く言ってくるのであった。そんな年配の方がけっこういたのは意外であった。

第2章　創価学会と池田大作のタブー

過去を捏造する癖がある

過去を歪めて利用する

池田大作は韓国に対する思い入れが強かった人だったが、韓国のＳＧＩ（創価学会インタナショナル）は、世界の創価学会の中でも一番大きい組織である。今は会員が減ってきているが、最大１００万人いたといわれている。韓国での１００万人というのはすごい数ですから。しかも韓国ＳＧＩはやや反日。

韓国で拡大するには、反日感がある程度ないとなかなか訴求力がない。ということもあって、創価学会の韓国ＳＧＩは、ちょっと旧統一教会に近い。日本なる国は、韓国を昔占領した罪ある大きな国だったということを強調している。それゆえに韓国人に説得力がある。

日本国は過去に罪ある国であるという主張は、そもそも創価学会には馴染みのある主張だった。創価学会は、戦前から戦中、そして戦後に至っても、国家に対しては反逆的だった。初代と二代が獄につながれた時代があって、初代の牧口常三郎《まきぐちつねさぶろう》は獄死した。戦前のことである。国は戦争真っ最中で、国家神道が隅々まで強制されていた。学会員は、こう教えられている。「初代牧口会長は、戦争に反対して弾圧を受け、獄死しました」と。この「戦争に反対して」というところが捏造《ねつぞう》部分である。

チャン池田は三代目の創価学会会長で、組織を飛躍的に拡大した功労者だったが、何度か危機に直面している。言論弾圧事件、板曼荼羅の模刻事件。そういうとき、池田は強硬ではなかった。妥協して、あるいは退却して問題を処理してきた。言い換えれば、創価学会を変質させながら、巨大化させてきた。

あるときには、政教分離を宣言した。あるときは宗門に謝罪した。あえて会長職を手離して事態を収拾した。そういう退却のときでも、必ず次の展開があった。

手にする権力もこれまでかと思われたチャン池は、ＳＧＩ名誉会長のポストを手にして「平和主義者池田」として復活した。世界に平和を伝導する聖者に変身したのだからただ者ではない。

先ほどお話しした、弾圧に関する「捏造」は、このチャン池の平和主義と関連している。初代の牧口会長、二代目の戸田城聖《とだじょうせい》会長が投獄されたのは、反戦平和活動ではなくて、不敬罪だった。伊勢神宮のお札を受けて納めよ、という国の命令に従わなかったための投獄であった。

「創価学会は、日蓮正宗を信仰する信徒の組織だから、国家神道の神札は受けません。日蓮正宗の御本尊だけを、私たちは拝むのです」といって拒否した。それを不敬だ、不敬罪に当たるといって投獄されたのだ。事実は、「ご本尊かお札か」という宗教上の違いからの対立であって、「戦争反対」という問題ではなかった。

教祖が反戦運動をして亡くなった人だとすると、池田創価学会が平和活動するときの、一つのアイコンになる。象徴的なできごとに格上げされ、しかも勲章になる。戦争に反対して、軍部に目をつけられ、時の政府に殺された人が創設した宗教団体。それが私たち、創価学会なんですよ、と。

命をかけて平和を標榜している、まさに筋金入りの宗教団体というストーリーが、ここに完結する。捏造を加えた過去の逸話を、自分たちのブランドに利用しているというのが創価学会の姿なのである。

韓国SGIもこれを利用している。

創価学会は、日本が他のアジアを占領していった行為に対しても反対してきた。初代も二代目も、それで捕まった人間なんだ。そういう人がやっている宗教なんだから、日本の体制側ではなく、まさに韓国擁護のための宗教なんだ。

韓国での布教活動では、ここを前面に押し出している。そうすると、韓国のいわゆる反日感情に、獄に投獄されたという話がうまいこと訴えるのである。

ちなみに、池田大作は１９２８年、今の東京都大田区に生まれ、名を太作《たさく》といい、後年、大作《だいさく》に改名。18歳ぐらいからずっと二代目会長の戸田城聖がやっている事業で働いていた。戸田の弟子としてメキメキ頭角を現したが、家族の話になるとすぐに口をつぐんで話したがらなかったという。あけっぴろげで、精力的で、人づきあいもいい青年の振る舞いとしては不思議なエピソードである。

嫉妬に狂ったチャン池は誰にも止められなかった

先生はおモテになる

創価学会に、私が最初に感じた疑問はなんだったか。それは完全な器に入った小さなヒビのようなものだった。神聖な存在として崇めていた人間の、その人間性に関する不信感。そいつが侵入してきた。

私は16歳で、東京創価高等学校の生徒だった。創価小学校から小中高とエスカレートで上がってきたが、私のいた東京創価高等学校は、創価学会の中では本当のエリート校で、創価学会の価値観をもつ人間を純粋培養している場所である。

ざっくりいうと、幹部の息子とか娘が行くような学校だから、池田大作とは何度も遭遇したり、話したり、会ったりしていた。そのことは、特権で誇らしいことだったのだ。

あるとき、同級生の幹部の息子が、池田大作の素顔なるものをチラチラと私たちに話しだした。「池田大作会長は、学会でオフィシャルにいわれているような聖人君子ではないよ、特に女性に関してそうなんだよ」と。そいつは「おモテになる」という言葉をつかった。

そこに「お」をつける必要もないし、奇妙ないい回しに聞こえたが、「何なんだ、おモテになるって」と思いながらも謹聴していた。「英雄たる者、それはもう付きものだ」というようなことを、その同級生は言った。

学会に対する疑問が、初めて生まれた。

なんだ、一部はそんなことを知っているわけか。

リアルな池田大作は、いわれているような人間じゃなかったのか。

創価学会とか創価教育でオフィシャルにいわれているような、人権を尊重し、平和を愛し、家庭を愛するような聖人君子じゃないんだ。

ふーん、そうなのか。そうだったのか。

私は16歳、高校２年だった。

信仰を嫉妬する輩

16歳の私が耳にしたのは、学会内部での噂だったが、世間一般にそれが広がることもある。マスコミ報道だ。チャン池の、信徒の女性に対する強姦事件が週刊誌で報じられたことがあった。真っ赤に口紅を塗ったお口でどうこうとか、女性幹部とのスキャンダルが出てもきた。

そんなとき、創価学会は即座に対処する。学会員の動揺を抑えなければならないのである。週刊誌で書かれていることは、すべてウソだから信じるな。逆襲の論調は、統一教会とかオウム真理教と同じで、創価学会を誹謗したり、創価学会にマイナスになるような言説をまき散らすマスメディアを、悪魔の書の類として扱った。

やつらは、イエロージャーナリズムにすぎず、お金のためにありもしないことを面白おかしく書き立てて、創価学会でお金儲けをしているのだ。そういう輩だから、本当にかわいそうなやつらだ。さらにつけ加えて、彼らは「嫉妬しているのだ」といった。

「池田大作や創価学会の信仰を嫉妬して、足を引っ張っている、ろくでもないやつら」という論調、レトリックは、私も子どもの頃からよく聞かされてきた。「嫉妬」という俗っぽい心理が決まって持ち出されるのだが、一般の人にはわかりにくい独特の面白い見方だろう。

権力維持の手管

創価学会でも、幹部になると自分を脅かすものに敏感になって、権力維持に専心する。

チャン池も、自分より上になるものとか、自分と同格になるような人間を嫌っていた。独裁者が統治するときによくとる方法だが、有能な人間たちが出てくると、それら同士を競わせる。露骨に排除したりはしないで、同じようなポジションに就かせて競わせる。そして、互いにちょっと消耗しているところで、ある手を使う。昇格させるのだが、そのポストは中央の権力からは遠いところにある。

池田もさすがに人を見る力はあるから、こいつは伸びてくるなというのがわかる。そういう人間が、本当に池田に忠節を誓うのならいい。

そうではないと判断した場合は、飛ばす。江戸時代の譜代大名とか外様大名みたいな発想と同じで、九州とか東北とか、遠方の方面幹部長とかにする。あまり中央に寄せつけないで、地方に権力を分散させるようなやり方をしている。

チャン池には、学歴コンプレックスがあったから、東大とか京大出身の人たちを、一種、顎で使うということがあった。「学歴でのぼせるような人間はだめなんだ」というようなことを、学歴が高い人間を集めて言っていた。

キーワードは嫉妬だった。

その一方で、学歴の高い彼らには利用価値があった。外務省にいる弟子信者、公明党議員に働きかけて、海外の名誉称号の取得に尽力させた。そうして、「私は無学で、学歴は何もないけれども、これだけの賞をもらっている」と内外に喧伝した。

本人自身がいうように、確かにアカデミックなことは何もできない人間だった。富士短期大学で、論文さえも自分で書けないで、友だちに書いてもらった。それは、よく知られていたことだった。

勲章に嫉妬する男

海外から、たくさんの名誉学位だとかの栄誉を集めまくったチャン池だったが、その嫉妬に関しては、有名な話がある。

公明党の竹入義勝《たけいりよしかつ》委員長は、第二代委員長で代表を長く務められた。20年ぐらいやられていた人だったが、国から勲一等旭日大綬章《くんいっとうきょくじつだいじゅしょう》という勲章をいただいた。

そういうものを天皇から拝受することは大変に名誉なことだから、やっぱりというか、池田大作はものすごい怒りを抱いた。なんで竹入なんだ。俺をさしおいて、弟子がこんなものを取りやがって、ということなんだろう。

池田大作先生の悩みは、国内からの栄誉を全然もらえていないことであった。ソ連とか中国とかブラジルとか、それこそＢＲＩＣｓがＢＲＩＣｓになる前の発展途上ぐらいのところの国から、やたらと名誉学術称号、名誉市民をかき集めていた。けれども、肝心の本国日本からは全然見向きもされない。

創価学会内では、日本の国はまったく先生のことを理解していない、池田先生のことを嫉妬していると、例によってここでもまた「嫉妬」を持ち出していた。「こんなに世界に大きな影響を与える人間なのに。日本の政府もそうだし、日本のメディアもけしからん。本当に嘆かわしいことだ」という学会員の憤慨は、私もよく耳にした。

日中国交正常化

チャン池のことはさておいて、竹入さんがなんで顕彰されたのか。一つは、政治家として20年以上の長い期間、働き続け、いろいろな役職を歴任している。公明党内でもそうだが、立法府としての国会で、さまざまな常任委員会の委員長、副委員長をやってきたことが認められたということだろう。

もう一つは、竹入さんは、日中国交正常化にあたって、交渉のきっかけをつくる重要な役割の一つを担ってきた。田中角栄《たなかかくえい》と密かに打ち合わせながら、機微にわたるものを伏せて中国に渡り、正常化にあたっての条件を周恩来《しゅうおんらい》から受け取り、田中の決断につなげているのであった。竹入さんの功績が、国内外にあるのは歴史の事実なのだ。

１９７２年の日中国交正常化は、公式には角栄さんがやったとなっているが、お膳立てして、きっかけをつくったのが創価学会だった。竹入さんが直接的な働きをしたが、それ以前を見ていくと、池田大作先生が、周恩来とつながって民間外交していたというのも、これもまた歴史の事実である。

ところが世の中的見方では、やっぱり田中角栄さんと大平正芳《おおひらまさよし》さんが、１９６９年から１９７２年の間に日中国交正常化に取り組み、正式に文書を締結させたとなる。

ここには、池田大作の話はないわけだから、チャン池としては、心中腹立たしいものがある。俺が一番初めからやっていたにもかかわらず、竹入が成果を取りやがった――。そこで、竹入さんに勲一等旭日大綬章を返上しろと迫った。そこまでやると明らかに嫉妬である。

こんなことも重なった。竹入さんは、朝日新聞に55年体制を振り返っての短い文章を寄稿した。これも池田の激怒の対象となった。

竹入さんはその中で述べている。保革の間で公明党の自分はどのような役割をしてきたのか。また、日中国交正常化について書き、創価学会の話もちょっとしている。それが逆鱗に触れたのである。「竹入は手柄を独り占めしている」ということであろう。

竹入撲滅祈願

そこから竹入義勝は反逆者だという大バッシングがはじまった。公明新聞、聖教新聞での連日キャンペーン。竹入は、第六天の魔王、提婆《だいば》だというのだが、学会以外の人にはわからないだろう。キリスト教でいうとユダだといっているのだ。

「竹入は悪いやつだ」と旗を振っているのはチャン池だが、それもおかしな話で、嫉妬深くて悪いのは池田大作のほうである。池田会長から創価学会の内部全体に通達して、「仏敵、裏切り者、大反逆者は竹入だ」一色に沸き立ち、創価学会員が一丸になって「竹入撲滅」を叫んだのだった。

その当時は、学会員は６００万人ぐらいいた。その６００万人が「竹入義勝をつぶせ」「撲滅せよ」と騒ぎだした。中には竹入さんを尾行したりして、嫌がらせをする人もいる。全国の会員たちは、「竹入義勝」「撲滅祈願」というお札を書いて家の仏壇に置き、祈っていた。

みんなが集まる唱題では、一緒になって3時間ぐらい撲滅祈願を祈るのだった。私も撲滅唱題会に出たことがある。うちの家でもやっていた。

はっきりいって「竹入は死ね」ということで、こんなおぞましい黒魔術よろしくの、人々を負の感情に帰結させるような活動を平然としていたのである。そういうことが１９８０年くらいからは、本当に多かった。

いびられた秋谷栄之助

第五代の秋谷栄之助《あきやえいのすけ》会長は、池田大作より前に死にたくない、池田が死んでいくところだけは見届けたい、というのが悲願で、ついにその本望を果たした。

秋谷栄之助さんは、ずっと池田大作にいじめられていた。いじめられているのを私も見てきた。秋谷さんという人は、立派な学歴があって、先代が認める若手のホープだった。証拠がある。秋谷城永《じょうえい》という戸田城聖のホーリーネームを継いだ人間だったからだ。

戸田さんが亡くなって、池田がそこを半ばかすめとるように第三代になったが、秋谷さんも一緒にやっていた。そこでどうだったかというと、池田は太作が嫌だから大作と改名した男だけど、秋谷さんは秋谷城永という戸田城聖のホーリーネームを継いだ人間だ。だから格好悪いわけですよ。

秋谷さんのほうが戸田さんから評価されてたんじゃない？　と誰だって思うでしょ、名前がそうなんだから。

まだ30代だったチャン池は、それが辛かったのか、秋谷さんに、戸田さんからもらった名前を返上しろと迫って、また栄之助に戻させた。権力を持つものとしては、秋谷栄之助にしていたほうが、そりゃ安心でしょう。

城永というブランドを消された秋谷さんも高齢になった。窓際に追いやられてはいた。でも、とにかく池田さんが死ぬまでは生きられたからよかったんじゃないかな。池田さんの尻拭いをしながらも、相当にいびられてもきた。その恨みはすごくあるだろう。池田さんのまわりにいる人で、チャン池をいいという人は全然いない。面白いぐらいにいないのだ。

現会長の原田さんは、結局のところ池田ブランドを利用して創価学会を維持させている人だ。池田さんに嘱望されてやってきた人ではある。今の原田さんは、女性問題で1回失脚したんだけれど、謹慎期間があって、また会長になったという人だが。

暴かれるのが大嫌いだから事件を起こす

言論妨害事件

今のようにオンラインで情報をとるのと違って、紙媒体が全盛の時代には、新聞社系、出版社系の週刊誌がその役を担っていた。影響力が大きかったから、『週刊新潮』とか『週刊文春』とか『週刊ポスト』に学会批判の特集が組まれていると、学会員は家の近くの書店に行って、そいつをそっくり買い占めていた。自分のまわりの人が買ったり、読んだりするのが嫌なのだ。

創価学会アンチ特集を載せると、本屋さんも出版社も儲かっちゃうという現象が起こる。言論出版妨害事件は、そういう時代のできごとで、１９６９年に、藤原弘達《ふじわらひろたつ》の『創価学会を斬る』という学会批判本をめぐって起きた。

藤原は、「コウタツ」という通称で呼ばれている明治大学の政治学教授だったが、政治評論家としてテレビにも出ていて、茶の間の人気があった。ある意味、話がうまかった。

エビデンスがしっかりしているかどうかは別として、人前で軽快軽妙にパーパーっと話して、そしてバッサリとやる。

視聴者が見ていても「そうだ！」というような歯切れのよさがあったというから、論客としてもやっぱり魅力的だったんじゃないかな。

ある朝、そのコウタツのところに、こちらも実力者・田中角栄から「あれ出すのをやめてもらえんかな」というような電話が入って、コウタツは怒りまくってそれを騒ぎ立てた。角栄の後ろには、圧力を依頼した竹入委員長がいた。

当時、公明党と創価学会の関係は、憲法違反の政教一致ではないかと問題とされていたから、大問題となった。国会では連日追及され、池田の証人喚問まで取り沙汰された。「池田の証人喚問」、これこそが創価学会のアキレス腱なのだ。ここを突かれると、しぶしぶ妥協に走る。公明党は、事件の事実関係を認め謝罪した。

結局、この事件は創価学会の完敗で、党と学会を分離する。公明党員になるものは、必ず学会の役職を離れた。この敗北体験の後、公然と圧力に頼ることはしなくなった。イソップ物語でいう『北風と太陽』の太陽政策というのか、アメとムチでいうと、アメつまりお金で黙らせるという新たな方法を覚えちゃったところもあった。

熱気あふれる時代

当時のことを編集者に聞いてみると、藤原弘達さんは、言論妨害があったために本も売れたし、えらい儲けたそうな。『角栄、もういいかげんにせんかい』という本も出したが、その本はほとんど創価学会批判だった。そういうものが売れる時代でもあった。

コウタツさんは、ＴＢＳで日曜政談みたいな番組で細川隆元《ほそかわたかちか》とかと一種の放言をして、えらい人気があった。そういう政治ネタが、テレビでも受ける時代だったのだ。

私も、ライブのステージで学会やチャン池をおちょくるようなギャグを飛ばしたり、正面から学会を批判したりしているから、いろんな出版社、週刊誌の方とも話す機会がある。話を聞いてみると、昔は、学会を特集すると、売れるのはいいが、後処理が困っちゃうんで、あんまりやるのもどうもな、という感じだったそうだ。

学会員からの批判、反発がうわっと来て、編集部の電話がワーワー鳴るし、抗議のＦＡＸがじゃんじゃんきて、たちまちパンクしちゃったという。今でいうところの、ＳＮＳで炎上するという感覚かな、これ。

私も、あのころの雰囲気は覚えている。たしかに学会批判をするコラムニストとか評論家に対して、いちいち目くじらを立てる風潮があった。

大人たちは子どもたちに、藤原弘達はとんでもないとか、ああいうテレビで偉そうに能書きを垂れている評論家みたいなものには、おまえはなっちゃだめだぞ、とかいっていた。私がまだ小学校とか中学校に行っていたころだから、大人といっても、今考えたら30代とか40代でまだ若い。

そのあたりの層が、熱を持って学会活動していて、「評論家なんていうのはな、一番下劣な、舌先三寸で仕事をする詐欺師みたいなやつらだからな。ああではなくて、本気で自分の信念に基づいて生きるのが、君たちの池田先生の弟子としての在り方なんだよ」みたいなことはよく言っていた。

熱狂的な信徒たちが「坊主出てこい!」に変貌する

大石寺の御本尊内拝

創価学会には「聖地巡礼」があった。私も、子どものころ親に車で連れていかれたものだが、電車で行く人々も多かった。目指すは静岡県富士宮駅の大石寺《たいせきじ》。1980年代ぐらいになると学会員も増えに増え、二世もいっぱい生まれていた。

混雑混乱を避けるために、学会も苦心していた。この地区からは、ひと月にこのぐらいの人数を、あまり大勢で行かないように、そういう人数制限と月数制限みたいなものまであった。

実際、電車の車両内は溢れんばかりの学会員で大変なことになっていた。甲子園での阪神戦が終わった後の電車状態であった。

阪神ファンたちは、みんなで六甲おろしを歌って息巻いてご機嫌な感じだけど、創価学会もまさに同じ。車両内で学会歌を歌ったり、もう大騒ぎをして盛り上がっていた。

全国から集うわけだから、北海道からも沖縄からもそこに来る。それぞれ「おまえの北陸のほうではどうなんだ」とか、「東北のほうではこんな戦いをしているんだな」と、広域の交流が生まれる。そこでまた新たな刺激を受けて、「よし、もっと戦うぞ」なんてやっていた。

これが、全国創価学会大交流時代の一つの核になっていた、大石寺の御本尊内拝である。公式には「御開扉《ごかいひ》を受ける」というのだが、創価学会員にとって非常に大きな意味があった。

創価学会の特異性

創価学会にとって御開扉を受けるとは何かというと、弘安2年に日蓮が顕《あらわ》した大御本尊にお目通りして、当時の正本堂《しょうほんどう》でお題目を唱えることである。これこそが一番の受持《じゅじ》の対象で、祈願するのは最も素晴らしいことで、供養、功徳《くどく》があるとされていた。

大御本尊とは、「南無妙法蓮華経」と彫られた板曼荼羅のことである。それにお目通りするために、年に2回くらい、全国津々浦々から学会員が押し寄せるのだった。

戦中、戦後に新興宗教がたくさん興ったが、創価学会はその中でもちょっと特異な存在といえる。普通は組織のトップに教祖がいて、一様に超能力を持っている。手かざしをして病気を治したり、予言をして当てる。

そういうことができるかできないかに、教祖と信徒の差があるのだが、創価学会のトップは教祖ではない。超能力を持たない信徒の一人なのだ。

創価学会の代表者である会長は、信徒組織を束ね、その宗教活動の最大の目的は信者の拡大を目指すこと。これがかつて一般の市民に悪評が立った折伏《しゃくぶく》である。

折伏で増やした信徒から集めた寄付は、寺の改築やら新築の寄進に使われる。大石寺の正本堂をつくるときには、すごかった。何がって金です。

学会員から募った寄進の浄財。3日間で355億とか。正本堂を建て直ししたのは、確か1977~78年ぐらいだったから、私は小学校1~2年。

そのころには、そういう気運があった。これが本山と信徒の間に齟齬《そご》がなかった時代の関係だが、やがて相互不審という暗雲が立ち込めてきた。

日蓮正宗の坊主叩き

創価高校生のころ、創価学会というものに対して、私の内に違和感が生まれてきた。このことは前にお話しした。変化は外にもあった。大学1年になったころから、聖教新聞とか創価新報に、日蓮正宗《にちれんしょうしゅう》に対しての不満の記事が見られるようになった。

お坊さん、これちょっと素行が悪いな、みたいな話だ。全面戦争になる前の下準備が進んでいたのかもしれないが、坊主を尊敬しない風潮が露わになってきた。それを学会員に向けて煽るような感じがした。

日蓮正宗のお坊さんたちのふだんからの状態を眺め、学会員に対して「これでいいんだろうか」と問うような記事であった。

学会員からお金を取るだけ取って、まったく何もしないとか、坊さんは、学会員から喜捨、寄進を求めているだけじゃないかとか、そのお金を使って相当野放図に遊んでいるぞ、というような話を書き立てるようになっていった。

こういう変化が起こったのが、私が大学1年だった１９８８年。最終的に第2次宗門問題で学会と宗門が分かれたのが１９９１年ごろなので、ちょうど大学生時代である。私は、それが悲しいとか、どうこうということはなかった。

それより、毎日毎日が楽しみだった。創価学会の発行している聖教新聞とか創価新報を読むことが。今朝もちょっと楽しみ、そういう気分にいたのだった。

何がって、読めばいつも悪口を書いている。よくこんなに人の悪口を書くなと、ちょっと感心してページをめくっていた。悪口は、エスカレートするほど人を興奮させるし。

週刊実話か東スポか

大石寺の第67世法主の日顕《にっけん》さんだったり、その日顕さんのまわりの僧侶の人たちだったりが、とにかくとんでもない。金に汚い、女に汚い、権力を濫用する。暴力体質だ、という具合に手心を加えないで面白おかしく書くもんだから、『週刊実話』とかの論調とあまり変わらない。

じつに面白い。バッと新聞を開いて、それを読むのを楽しんだものだった。お坊さんの持っている扇子みたいな棒みたいなのを中啓《ちゅうけい》というんだけど、毎回「また日顕の中啓パンチが出た!」みたいに、ちょっと面白おかしく書くんだから。

新聞といっても東スポなのだった。

動物占いシリーズよろしく動物ディスリシリーズというのがあった。日蓮正宗の猿知恵しかない浅知恵野郎とか、蛇蝎《だかつ》とか、蛇のようにしつこくつきまとう変質者とか、犬畜生にも劣る恩知らずとか、動物を使うたとえがすごく出てくる。これが私は好きだった。犬・猿・蛇がすごく多く出てきて、あとはタヌキとかキツネのような化かし系で人を陥れるとか、言いたい放題だった。そうやって動物をたとえにして、日蓮正宗を攻撃していた。

悲しいというよりも、ちょっとプロレスを見るような感覚で、事件が起きている渦中にいる自分が楽しかった、というのはあった。かといって、私は坊さんを心底憎むというふうにはならなかった。創価学会という団体は、そもそもそんなにお坊さんとの付き合いはない。

お坊さんと接するのは、折々に大石寺という本山の正本堂に行くときとか、御授戒《ごじゅかい》といって、入会するときに本尊をもらうときとかだけだった。本尊を下付しているのはお寺さんで、創価学会は下付《かふ》できない。１９９１年以前までは、そういう設定だった。

お寺さんとも付き合いがあるわけだけど、そんなにふだんからの会話はない。

そういう関係だから、「いいお坊さんをあんなに悪く言って」みたいな感情も別にないし、ただただ学会が垂れ流している『週刊実話』『アサヒ芸能』系の文章を見ながら面白がっていた、というのがありますかね。

法論を仕掛ける楽しさ

法論というものを、私も1回やった。学会の幹部あたりが、日蓮正宗系のお寺に乗り込んで、お坊さんと議論する。それを宗教界では法論といっている。政治家でいうと政策論議なんだけど、互いの宗教上の問題を指摘したり、教義に関して言い合いをしたりする。

今でいう論破するみたいな、それを法論というんだけど、現実には単なる嫌がらせに過ぎなかったりした。

創価学会の若いのが日蓮正宗の寺に行って、「おまえ、暴力を振るっているだろう」とか、「女に汚いんだろう」とか、「この金はどうしたんだ！」とか問い詰める。坊さんが御《お》講《こう》をやっているところに入っていって、大騒ぎして邪魔する。

あとは、お寺のまわりで「なんとか坊主、出てこい！」と大声で怒鳴るとかするのだが、そういう嫌がらせを、私も1回やったことがあった。楽しいんですよ。ばかだなと思いながらも。でもそれが全部正当化されるんだから。

池田大作の本尊模刻事件

信徒の組織である創価学会が、宗門を軽んじる風潮を示す事件があった。チャン池がかかわった本尊模刻事件というのがそれである。当時はなぜか「謹刻」事件といっていた。

御本尊は、時の日蓮正宗の猊下《げいか》が顕された、「南無妙法蓮華経」と彫りつけた板曼荼羅である。

その板曼荼羅を本山日蓮正宗が創価学会に下付するのだが、その宗教的過程をまったく無視して池田大作が本尊を写真に撮影。板に書面造形を彫らせて板曼荼羅に仕上げ、創価学会の会館に6体安置してしまった。

一説には池田大作は、自分の名前もご本尊に彫ったという。だから、宗教上でも池田大作はみそをつけている。

その問題の模刻は、本部に置いてあるといわれていたけど、今はどうなっているんですかね。ちょっとわからない。まだあるんじゃないですか。知らないけど。

日蓮真筆というものは、あちこちにあるが、疑わしいものがかなり多い。７５０年前の代物が各所に現存しているというのも眉唾で、特に針金宗教といわれた大石寺にどこまであるのかは議論を呼ぶところかもしれない。

大石寺には日蓮が弘安2年に立宗宣言されたときの大御本尊というものがある。仏である私が、今後信徒たちが教えを守っていけるように、活動できるように、ご本尊をつくったという設定の立派な板曼荼羅があるのだ。

それが正本堂にあるといわれているんだけど、日蓮系の宗教界隈では侃侃諤諤《かんかんがくがく》の議論の題材として尽きることはない。

莫大な学会員は巨大な貯金箱であった

献金圧力の結果

宗教施設を建立することを一つの目的として、その資金の喜捨を募るのはどこの教団もやる。創価学会の場合は、日蓮正宗の正本堂の完成図を作成してお題目を唱えたり、その完成図を模した貯金箱を与えて、そら、どんどん金を入れていけ、といって、子どもたちにもやらせていた。

私は、完成した正本堂を見たこともあるし、入ったこともある。日蓮正宗の衆僧がまだ尊敬の対象だったころも知っている。宗門と創価学会が一体だったときも知っている。貯金箱に、これから建立するぞと誓って、うちの親がお金を入れていたのも見てきた。

うちの親たちだけでなく地域でも、功徳をもらうといってありがたがっていた。「正本堂の建立だからな、ここが一番われわれの最大限ご供養いただけるときだ」と、お金を払っているのに「ご供養もらう」といっているのだから、なんとも不思議なことであった。

ここがばかな話で、誰も功徳をもらわないんだけれど、「こんなに素晴らしいチャンスはないわよ」というような献金圧力、集金圧力という同調圧力が、ガーッと広まっていったのだった。

そこで家計を崩す家庭が出てくる。そういう家庭を相当に見てきた。これは、まだ子どもだった私の肌感覚だが、正本堂建立が唱えられ、「皆さん頑張りましょう」と言いだしてから、都営団地に住む人が増えたような気がしていた。

現実にはどうなのかわからないが、ああ、なんか、たくさんいるな、増えたなと思って見ていた。武蔵村山は、市のど真ん中に都営団地があるという感じで、低収入の方が本当に多い所だった。

創価学会は、今では一流大学を出たエリートがたくさんいるが、「病人と貧乏人の集まりだ」といわれたところから出発した教団だったのだ。そういう家庭が一心にお金を寄進していたと、そういう話である。

高利貸しの営業部長で開花する

創価学会の初代、牧口常三郎は、クソ真面目で研究することの好きな小学校の先生だった。創価学会は教育の研究会としてつくられ、その名も創価教育学会である。

「教育」のふた文字を外したのは、牧口の弟子でまったくタイプの違う二代会長戸田城聖だった。その戸田に可愛がられ、目をかけられたのがチャン池なのだ。

青年池田大作は、戸田の経営していた高利貸しで、金を取り立てたり資金を調達したりするのがうまかった。そういう実業家的な才があり、そこに宗教を絡めるのに長《た》けていたという。

目をかけた理由は、わかるような気がする。戸田さん自身が、今の池田大作のようにお金にも長けていて、病人を半ばだますように信仰させて、そこから一種、合法的に金を巻き上げることもしていた人間なので。

師匠に出会う

戸田城聖は、酔っ払って講話していたなんていうことが有名だけど、時代も時代であったんだろう。

酔っ払いながら講話するぐらい豪快にやっていたんだ、というような言い方もあるけれど、お酒を飲まないとちょっと舌が回らないというか、人前でしゃべれないというところもあったという。どっちがどっちという話なので、まあどうでもいいけれど。

戸田城聖の人となりの実体は、今だったらもう絶対にアウトである。

愛人を連れて歩く。金もあちこちで踏み倒す。名前だって、あの人は20回ぐらい変えている。出世のたびの改名なんかじゃない。債務放棄したり、いろいろな相手から逃げ回るために自分の名前を変えているだけだから。

一方、池田大作はいってみれば、持ち上げるというか、ヨイショがうまかった。それで、戸田さんにもうまく取り入ることができた。人のちょっと困っているところ、醜いところ、そういったところに寄り添える能力が、チャン池には昔からあったのだ。

「大作」への改名は、戸田さんに直訴して変えさせていただいたという話だ。

太作という名をずっと嫌っていたからだが、「たさく」っていうのはたしかに間抜けな感じがするし、昔の時代劇の年貢を取り立てられて泣いている農民みたいな名前でもある。この改名はヒットであろう。

大作への改名と、池田大作著の小説『人間革命』というタイトル。この二つにはとてもいいセンスがある。それはクリーンヒットだけれど、残念ながら『人間革命』は違う作家さんの持っていたワードで、オリジナルじゃない。

池田には、機を見るに敏というか、これをやったら自分はハマるという感覚に優れたものがあった。『人間革命』も、池田大作が主人公ではなくて、始まりは戸田城聖の物語なのだが、半ば強引にそのレールを自分のものにしていく。次第に彼の財産を奪っていくという流れになるのだが、そこは優れている。

粗暴な男という評価

チャン池という男は、つくづくスターリンみたいな人だなと思う。本当に似ている。レーニンからは、「スターリンってやつは、あいつは粗暴で、あれはあんまり指導者に向いていない」といわれていた。

でも結局は、自分の実行力でそれを勝ち取ってしまった。暴力装置とお金で、レーニンの君臨していた、ソ連の最高指導者の立ち位置に就いたわけだ。同じですね、チャン池がしたことも。

戸田さんは、晩年に「池田は本当に粗暴でね、あいつには気をつけなきゃいけない」と言っていた。そのころは、石田次男さんという方が将来を目されていたのだが、池田大作には金があった。

戸田城聖のやっていた大蔵商事というところで高利貸しの営業部長をやっていたからだ。終戦後の復興が進んだ昭和のその当時、彼は22歳で月収20万円もらっていた。今でいうと400万。月収400万もらっていたんですよ、まだ22~23の若さで。

そのようにお金がすごくいっぱいあったので、自分が創価学会の青年室長になってからも、その金にものをいわせて、まわりの幹部の人たちを籠絡《ろうらく》していったというのはあったであろう。

池田大作は、第二代会長に対して忠節を誓っていた、という創価学会が伝える歴史は、後からチャン池によって塗り替えられたものだ。実際は全然そんなことはなかった。

一度権力を持つと、人間のその執着はすごいんだな、とつくづく思わせるものだった。常人じゃない。我欲がすごい。普通の人間は、なんか面倒くさくなっちゃうところがある。もういいよ、後はやってくれ、となるもんだけど。

異常な人間性がないと、その権力を持ち続けられない。そう思わせるものがあった。だから、身近にいたら嫌なやつです。池田大作の音声は、YouTubeにいっぱいある。昔のを引っ張れば、若いときのものも聞くことができる。

チャン池は才能があったのか、なかったのか追求する

起業家としての才能

池田大作先生に何度も会っているけど、この人は本当に頭がいいなと思うことはあんまりなかった。普通の会話も、聡明さを感じさせるものでもない。

私もある意味、お笑い目線もちょっと入っていたので、「もうちょっと話をまとめなきゃだめだよな、池田」というふうに思っていたぐらいだった。

ただ、まわりの学会員は、先生の話にいちいち笑ったり、「すごい」とか言って感心していたけれど、私は、うまいとは思わない。幸福の科学の大川隆法《おおかわりゅうほう》さんのほうがうまかったんじゃないかなと思った。

チャン池は、ざっくばらんに「皆さんはきょうだい、家族なんだ」ぐらいの感じの話にするのはうまいと思う。雰囲気的にはいい話になるんだけど、ただ、内容はもう……褒められたものではない。

たいがい後半になると自分の自慢話しかしなくなっちゃって、あとは幹部の人たちをつるし上げる。そんな感じのことばかりしゃべりまくって、見ていられないようなことが多かった。

私が「池田大作はすごい」と思っていたのは別のことだ。宗教と政治というコングロマリットを形成することができた起業家として、「すごいな」と思っていた。「こういう能力って何なんだろう？」というところに、一種の謎の魅力を感じていた。

しかし、池田という人は、決して思想家とか宗教家という立場の人間としては、その評価はないな、そんなふうに思っていた。

池田大作のスピーチとか著書を読むのは好きだった。いいな、面白いなと思って読んでいくと、最後に作家の名前が書いてある。だから、その人たちが書いている話だということは、もう高校生ぐらいからわかっていた。

いいことをいうな、創価学会もいい作家を使っているな、っていう感覚をもう高校生ぐらいから持っていた。面白がって読みふけってはいたが、「池田大作が」っていう感じじゃなかったのだ。

池田伝説のトリック

学会に疑問を感じてからは、学会はこうやってごまかしているなとか、これは真実だろうな、という腑分《ふわ》けをしてきたので、学会自体が虚飾と作り話でできていることは知っていた。

北朝鮮の金王朝みたいなものだということは判明したのだが、それ以前は、学会を攻撃するもの、おちょくるようなものには、いちいちイラッとしていた。

自分がいるところは、あくまでも創価だったから、2ちゃんねるの噂レベルの情報から、創価学会を貶《おとし》めるやつらに対して、何をネットの聞きかじりでいってるのか、とバカにしていた。

創価サイドにいる自分としては、「なんだ、こいつら宗教のことをあんまりわかってねえな」と、批判は取るに足らないと思ったものだった。

そうは思いながらも、「そんなに池田大作は……」という話も耳に入ってくる。「あの人はトリック、パフォーマンスを使って信者を籠絡する」というのだが、実際にたぶらかしているようなところも大いにあった。

チャン池はピアノは弾けないのに、自動ピアノで弾いたふりをしたりすることがあるのを知っていた。

池田が会館に来るその前の夜中に、造園業者に頼んで花壇に花を植えておいて、池田先生が来ましたといって迎えに出ると、「あ！　花が咲いている」とか、会館の池の中に、池田が来る直前に鯉を放っておいて、「うわ！　先生が来たら金の鯉が泳いでいて素晴らしい」とか、そういうようなことばかりやる。

そんなことをして、池田伝説をつくっていたのも事実で、またそれを学会のご婦人とか女子部は大変に喜ぶのだった。「やっぱり先生ってすごいわあ」と、話が盛りあがっちゃうのである。

占いのトリックもあった。学会員の過去・現在・未来を占ったりするのだが、過去のことは、創価学会の中のいろんなネットワークがあるから、それを使う。

みんな地元の組織に入っているので、その当該信者の経歴とか、病歴とか、職歴とか、学歴とか、そこに聞けばみんなわかる。それを事前に池田は頭に入れておいてしゃべっている。

「なになにさんは、遠い山形の天童《てんどう》から来たんだよね」とか、「そのとき、このぐらいのお子さんと一緒だったんでしょ」とか、「親御さんはこうだったたんじゃないのかな」なんていうと、みんな当たるわけだ。それはそうですよ、聞いているんだから。

みんなびっくりして、「やっぱり先生は何でもお見通し」となる。その上で、「なになにさんは、いずれお子さんがここの中で大きな看板になっていくよ」とか、「私の学校に来るよ」とか、一種の予言をする。

予言っていっても、学会関係だったらつくれてしまう。だって「あの息子さんを幹部にしろ」と言っちゃえばいいんだから。そうすると「先生の言うとおり、自分の息子が幹部になった」となるし、「先生の言うとおり、娘が創価学園に来れた。やっぱり先生は未来を予見しているんだ」となる。

それを後生大事にして、「やっぱり先生は、三世を見渡せる100万年に一人現れる本当の予言者だ」「人類の平和指導者だ」と言っていた。ただね、言っておきますけど、人類は100万年前にはいなかった。何度も言いますけど、ばかだからね、創価学会。「100万年に一人」という言い草がちょっといいじゃないか。人類に関しては、いろいろな説があるけど、登場したのは20万年ぐらい前ですから、100万年前は猿人ですから。

優秀なゴーストライターチーム

池田伝説はウソにまみれているが、いろいろな勲章を取ったり、世界のいろいろな人に会ったというのは事実だろう。それも、会ったときにパフォーマンスとして写真を撮って、対談をする。それを聖教新聞に載せる。

対談なんかは、学会のゴーストライターチームを送って、やりとりしているのをまとめたというだけのものだ。

トインビーのような、世界の学識者、要人たちと会うようになって「世界の池田が」という戦略を立て始めた。

学会も「世界の平和指導者」という新たな池田像を広めようとしていた。ただ、トインビーさんも老いてから「日本の俗物のような宗教家と会って、対談集まで出してしまった」と嘆いている談話もある。

池田は、各国の大学から贈られた名誉学術称号をたくさん持っている。論文は何も書いていない。だいたい、本当に字もちゃんと書けるのかってていう話まである。

四文字熟語を書くと必ず一文字間違えるという人ですから。誤字率が25％というような感じなのに、中国の２０００文字ぐらいある漢詩を「書きました！」とかやっている。ウソに決まっているだろうって。２０００文字もあったら、その中の５００文字を間違えているぞ、というね……。

『人間革命』を書いたのはゴーストライターだということは、裁判で明らかにもなっている。公判のやりとりの中で、「あれは篠原善太郎さんが書いています」と供述している。

もはや、公然と認めている話なので、創価学会に関しては、ゴーストライターのことを何かいったところで訴える人は誰もいない。

学会のゴーストライターは、篠原善太郎さんが初代で、二代目からはゴーストライターチームになった。大作ではなくチーム代作が書いている。だから、篠原さんは随分学会の中では立場が高くなっちゃって、あれこれ要望が多くなったという話も聞いたことがある。池田大作も、篠原さんには頭が上がらないという感じで、あの先生にへそ曲げられちゃったら「だったらおまえが書けよ」という話になる。これはなかなか辛い話である。

池田大作はもともとミーハーみたいな男で、何とか成り上がりたいというところで生きてきた。池田は、作家になりたかったのだ。小説を書いて、文豪といわれているものになりたかったのだが、その文才がなかったのだ。

退会届を出す

私は2012年に創価学会に退会届を出した。

2011年に東日本大震災があった。被災地で創価学会はいろいろと活動したと、オフィシャルにはいっている。それはそうだろう。これまでずっと、いつもいつも、あれだけ民衆救済とか平和とか、人々の絆をといっているのだから、必死の救援活動があっただろう。

ところが、であった。創価学会の人たちが果たして何をしたのか。ましてや池田大作が何をしていたのか。何の発信もなかったのだ。

一応、学会のゴーストライターチームが書いたものは出している。しかし池田大作自体は表に出てこなかった。人々を何かしら勇気づけるわけでもなかった。

東北にも、いわゆる同志といわれている創価学会の人たちもたくさんいる。そこに池田大作が行っているとか、勇気づけているとか、激励しているとか、救援物資を送ったとか、こんなときだからこそみんなと一緒にいるんだ、というような話は、一切聞こえてこない、入ってこない。

池田大作は、あのときに1回脳梗塞になっている。そうではあっても、少しでも、人が一番苦労をしているときなんだから、何かやれることがあっただろう。あの2011年には、何もしていないのだ。

宗教界はいろいろやった。そういうことも一つはあった。このころまでには、私も相当いろいろなものを読んできたわけだし、考えてもきた。その結論が出た。こんな団体にいたところで、何の意味もないよな。嫌悪感もあって、退会届を出した。

私も、一時期は学会の広告塔になっていた。2007年ぐらいまでは、そういうことをやらせていただいたのに、その5年後には退会ということになったわけだ。

この変わり目の5年間は、組織にほとんど付いていなかった。だからそれを出したところで、急激な変化でショックを受けたという感じでもない。

結局のところ、いろいろな葛藤の中で、池田大作の悪い話を聞いたというあたりが大きかったんだろう。いろいろと矛盾した事柄に悩まされていたのだったが、そこに関して自分の中では整合が取れた。

決してそれが単なる噂とかではないとわかった。実際に私も会っているし、あの池田はそうだろうな、と非常に納得のいくところに辿り着いたのだった。

創価大出身者とエリート大出身者の闘争

創大閥か東大閥か

学会にもいろいろな部署があって、そこで力を持っているのが創大閥か東大閥かという学閥の話題がある。結局、今は創大閥の人たちは、ほとんどが窓際といわれる部署、役職に追いやられて減給の憂き目にもあい、活動の中枢からは大きく外れてしまった。

この傾向が起きたのは、大作大先生が、２０１０年ぐらいから脳梗塞で表に出てこなくなってからだった。２０１４年ぐらいまでは多少意思の疎通が取れていたけれど、そこがあやふやになってからは、学会の重しがなくなってしまった。

池田の意向がわからなくなっているから、その傘の下で守られていたものは、実力を出すしかない。それまでは、創価大学派閥にいるものは、創価大学の創設者、池田の直系ということで認められ、学内で重用されてきたからだ。

もともと創大閥の人たちは、自分が池田の直系だというところを無敵の武器にして、それを輝く唯一のバッジとして胸を張ることができたのだ。じゃあ実務能力は、となったら、やっぱり東大閥とか京大閥の連中に劣ってしまうのが現実だった。

２０１４、２０１５年以降からの創大閥は、半ば後方支援みたいなところに追いやられていった。今現在、学会の中枢にいる人たちは、ほとんど東大閥で、権力闘争の勝利者になっている。

創価学会の中には、公明党とつながれるところがある。そこで橋渡しをやっているのが創価学会の副会長の佐藤浩さんたち。あの人たちは創大出身ではない。公明党の窓口も結局、非創大が多くなっていった。

中国との外交チャンネル

公明党、創価学会には、中国との外交チャンネルがある。このチャンネルでは、けっこう創価大学系に力がある。創価大学を出て外交官になった人もいて、鳳雛会《おうすうかい》という彼らがまとまる場を持っている。

ただ政治を動かすもっと大きな流れとして、国内的にもレベルの高い、高偏差値の外交官の存在感には、かなわないところもある。

それらの有力な外交チャンネルが、周恩来《しゅうおんらい》と池田を会わせたりしてきた。そこが機能することによって、中国との創価学会、公明党のつながりは切れることなく続いてきた。周恩来が会って、鄧小平《とうしょうへい》が会って、そのあとは江沢民《こうたくみん》で胡錦濤《こきんとう》、そして今の習近平《しゅうきんぺい》になる。創価と中国との関係は、鄧小平とのときが一番長く強かった。江沢民は上海閥だったが、チャンネルはあった。

胡錦濤とのつながりは早くからあった。創価は、胡錦濤がまだトップになる前から手をつけていた。胡錦濤は、学会の教育関係のところにも顔を出したりしていた。胡錦濤までの創価のチャンネルは強かったのだ。

外交関係というのは、バイデン、トランプとでもそうだけれど、トップが変わったときに、そのトップとのチャンネルがあるかどうかが大事なことになる。

一つのところだけやっていると、政権が変わって、トップが変わったときに突然その外交の窓口が閉じてしまう。

今の習近平に対してはだいぶ弱くなっていて、チャンネルを持っているものはほとんどいないんじゃないか。学会内には、習近平と一緒にどうこうという写真があるけれど、やっぱり少ない。

学会の今の中国に対する外交チャンネルは、しくじっているというレベルにある。学会の外交関係の人たちも危惧していたのだが、今、習近平とつながって、ちゃんと会話ができる人たちはほぼいないんじゃないか。

消えゆく創価魂

創価大学は相変わらずある。そこが今、ポスト池田の墓場みたいになってきている。創価大学というブランドには、もはや池田大作の裏書、後光、後押し、ケツ持ちはまるでない。

今や創価学会の中でも、創価大学ブランドがあんまり通用しなくなって、創価大学の形骸化、縮小化にはずみがついている。私はそんな感じがしている。

私はそこの出身者だから、創価大学に威光がなくなって寂しいというのはあるけれど、逆の思いもまたある。

創価大は、学会信者の養成所みたいなところがあった。学会員は僧兵みたいなものだったから、それがなくなっていくのは、広い意味で考えればいいことじゃないか。

私は、そんなに創価大学に思い入れはないので、なくなったらなくなったでいいんじゃないですか、っていう感じがする。

学会を遠くから見ているのと、近くにいて見ているのではずいぶん違う。ガチガチに信仰して原理主義的に信じている人もいれば、ある種の流れでそこから離れていって、こういう世界も悪くないとか、面白い部分は別にあるぞとか、いろいろグラデーションの濃淡はある。

創価高校生、創価大学生だからといって、同じように見てしまうかもしれないが、けっこうみんな違っている。いわゆる創価が嫌われる要素を、少しも持っていない人もけっこういる。勧誘してくる人もいれば、全然あの人は勧誘してこないなっていう知り合いがいるでしょうし。

第3章　宗教二世問題のタブー

親父とおふくろの創価人生ドラマ

武蔵村山に生きる

私が生まれたのは、武蔵村山市だった。武蔵村山は不思議な地域で、ノーステーションの市、どこにも鉄道の駅がないのだ。しかもとても小さい。不思議な規模の市である。立川と所沢に挟まれている感じで、日産により栄え、日産の退去によって苦悩する市だった。日産の跡地には真如苑《しんにょえん》とか、イオンモールが入っているが、もともとは車の広大なサーキットがあって、走行テストを行なっていた。

日産村山工場が消滅廃棄されてから、市民は、次はどこが来るんだと見守っていた。うちの親も、真如苑が来ることになった際には、だいぶ議会で反対をした。特に公明党が、真如苑を入れまいとして動いた。

私の父親は、あるときから武蔵村山市の市議会議員をやっていたが、その前は聖教新聞の販売店の店主だった。それを15年ぐらいやって、議員は12年やった。その後は社会活動をして生きるという感じで、障害者就労継続支援に取り組んでいた。

その居宅型はＢ型といって一番多いパターンだった。それを立ち上げている途中、志半ばで死んだ。74ぐらいだったかな、がんで死んだのは。

親父とおふくろの結婚は、創価学会の信者同士での結婚だった。簡単にいえばそうなるが、厳密には母親のほうが先に信者としてやっていて、親父はあと。

彼は、北海道から出てきて身寄りもなく、今でいうところのコミュニケーション能力が低く、友だちが誰もできず悶々とした学生生活を送っていたときに捕まった。捕まえたのがうちの母親と、母親のお姉さんと、お姉さんの旦那さん。

温かい学会ファミリーの心にほだされて、創価学会員になったというパターンですね。友だちがいなくて、大学の中でサークルに捕まっちゃったり、アムウェイとか変なのにつかることがよくあるけど、そのパターンです。

新聞販売店主の権力

新聞販売所で扱っていたのは聖教新聞だけだった。今はそれこそいろいろ配るものがあるけれど、その当時は聖教新聞販売店といったら聖教新聞。あとになってからは公明新聞も配る。創価新報とか、これは昔は聖教グラフといっていた。

あとは宗教系の雑誌がある。『大白蓮華』とか、潮出版社の『潮』とか、『パンプキン』とか、第三文明社の『灯台』とか、ああいうものも付随して配るというパターン。ほかは高校新報とか中学新報。

小学校向け、中学校向けもあったけれど、今はほとんどなくなった。そういうのを配るのが新聞販売所だった。創価学会関係しか配送しないところなので、チラシの折り込みの面倒はない。

そういう販売所の親父が政治家になったのは、そこから立候補して市議会議員になる人がいなかったからだった。では、無理矢理かというと、これがまた違っていた。

うちの親父は、「俺、政治家やりたいです」って自分から言えなくて、ずっと長いことうじうじしていた。あるとき、「ちょっと困ったな、次の候補はどうしようか」という話が出た。思い切って「じゃあ俺がやるか」みたいになって出たのがきっかけである。

でも聞いてみたら、「もっと若いときからやりたかった。早くから手を挙げていればよかった」っていう話であった、まったく。

総理大臣を諦めない男

どこの地域にも、有力者という存在がいる。商工会の会長とか、スポーツなんとか財団とか、社団とか、ああいうところの会長とかをやっている人には、意外に力がある。彼らの力とは、こういうときに発揮される。「それで、あいつをどういうふうに市長にするんだ」とか、「させないんだ」とか。

うちの親父にもそういう力があった。

新聞販売店なんだけど、武蔵村山の市長をどうするのか、というようなことには影響力があって、なんだかんだやっていた。公明党の言いなりにならないような市長だと、「やっぱり変えるしかねえな」とか言っていた。

武蔵村山は、公明党は票を持っていたから、市長選にはけっこう強い。言うことを聞かない市長を辞めさせるために、選挙でとびきり若い候補を立てて、現職を追い落としたりした。あのときはたしか、全国で最も若い市長ということで有名になったのだった。

それを押し上げたのが長井孝雄チームで、まだ議員になる前だった。影のフィクサーといったら大物の感じが強すぎだけど、そういう感じの人だった。

何しろ、新聞販売所の自宅の３階が宗教ハウスになっていた。創価ハウス。勧誘の館。うちの親父は宗教もえげつなかったけど、政治家志向のほうがもっと強烈だったようだ。創価学会に入ったら、政治にもいける。国づくりとか、町づくりとか、そういうことに力を注ぎ込める。とにかく政治好きだった。

前にもお話ししたように、何しろ、うちの親父の悲願は総理大臣になることだから。武蔵村山市の市議会議員が総理大臣になれるわけねえから。何をいっているんだ、っていう話なんだけど、最後の最後まで諦めていなかったですね。

私の勧誘デビューとしょぼい戦果

わが勧誘デビュー

生まれながらの学会員というのは、一体どういう存在なのか。私は、ちょっと変なんだけど、親族を信じてやっているのとは違っていた。子どものころから、その活動自体に楽しみというか、快楽を感じていた。折伏といっている学会への勧誘をしているところも、もろに見て刺激を受けてきた。

折伏という攻撃的で相手を屈服させる勧誘は、やっている当人たちも、見ているものも恐ろしく高揚する。ほとんどスポーツの最終決着寸前の激闘みたいなもので、アドレナリン出まくりなのだ。

スポーツのそういったシーンを味わうには、体力、技術、巡り合わせ、すべてが優れた特権的な人間でなければならない。折伏にはそんな恵まれた資格はいらない。そこらのおっさんでもおばちゃんでも、ガキンチョでも、創価学会員であれば有資格者である。

そういう刺激を楽しんではいたが、子どもの私も、高校生の私も、あくまでも見ているだけで、一緒に勧誘するということはなかった。しかし、大学になると勧誘デビューしなければならない。創価学会における元服というのかな、そんな感じがあった。

さて、私は優秀な勧誘員だっただろうか。

学会に純粋培養されて育ってきたのだから、優秀かというと、そうはいかないのである。創価小学校から中・高・大まで上がっていった人間は、営業ノルマを達成するという面から考えると、非常に立場が弱いのである。私は、そのときになって、状況としてはやりづらい立場になっているということに気づいた。

友だちが創価しかいないのである。普通の友だちがいないから、勧誘しろといったって、誰を勧誘すりゃいいんだ。そういうときは、友だちとか、仲のよかった人とか、ちょっと気心知れたやつとかに「どうだ？」と聞くのが大体定石でしょ。どこにもその相手はいないのである。

自尊心で一人勧誘

どこかにいないか。すると、いたのであった。

私は高校生のときに社会活動として、市民団体にちょっと顔を出していた。芸術活動もやったりしていた。そこにいる創価以外の知り合いを、半ばだますように連れてきたり、家の中に勝手に入ったりして、勧誘を始めたのだった。

当時は、それがちょっと楽しかったっていう感じだった。今でいったら完全に迷惑行為である。

消費者庁問題にするところの、目的を告げないで不当な勧誘をするのだから、当然のこと処罰の対象で、刑事罰を受けることもありうる。そういうことを、大学時代の私はやっていた。楽しんで折伏をやって、一人入信させた。

創価小学校から行っている人としては、私は珍しい学生だったと思う。いわゆる純粋培養のレッテルの貼られた人間には稀な、本当に活動したタイプだから。私が活動して成果を上げたのは、悔しかったからでもある。

「やっぱり折伏できないのか、創価のぬるま湯の中で生きてきたからな」そういう批判に対しての反発があった。いやいや、私は創価小学校だけど違うぞ、できるんだぞ、というところを見せたかった。内部の目に対して、自尊心の意思表示みたいなものはあった。

創価系教育を受けた幹部の子どもたちのゆくえ

学会系部活サークル

創価教育をエスカレーターで受けていながら、創価大学に行かないものがいる。これにはプラクティカルな理由が一つある。

創価大学には限られた学部しかない。ざっくりいうと、文系はあるけど理系が全然ない。だから医学を学びたいとか、理系の生物工学に従事しようと思う学生は創価大学には入らない。

あともう一つの理由としては、創価大に行かなくても、創価学会の活動はどこの大学でもできたからだ。

学生部というのだが、そこがカムフラージュした研究会を組織して、学会のサークル活動をしていた。2010年ぐらいまでは、各大学に東洋哲学研究会とかいう名前の、創価学会活動の拠点があった。

宗教団体ごとに、そういう組織がある。原理研究会というのは統一教会で、アジア研究会とか生命哲学研究会というような名前のものは、創価学会である。

そういう学会系の部活・サークルが、各大学に大体あったので、他大学に行ったとしても、学会活動がそこで途絶えるということはなかった。

それが変わってきたのが２０１０年以降で、それこそ私がやめたのは２０１２年だけど、その辺からは、大学での学生部の活動がだいぶ衰退化している。今はもう各大学の学部の創価系組織は、ほぼ消滅しているんじゃないだろうか。

第三の理由は、宗教意識のライト層が増えたこと。何となく雰囲気の流れの中で創価中学・創価高校と行ったけども、もともと信心があまりなく、別に大学は好きなところに行くよという人たち。

そういうライト層もいるわけで、それも今は増えたのだろう。私が在学していたころは、創価大学には行きたい学部、学科がないから他大学に行くんだという人たちだった。

創価大への内部進学率

創価高校の話をすると、私のときは内部進学したのは8割強。８クラスあって、４００人ぐらいいたうちの３２０人くらいは創価大学に行った。

今は、創価大学は定員割れを起こしそうなぐらい人気がない。ほとんどFランク化して、取りあえず応募すれば入れるようになっちゃった。

今やどこの大学もそうなんだが、特に創価大学はひどい。閑古鳥しか鳴いていない。大きな施設として大学をつくったから、部屋が余っちゃって余っちゃってという空き家感がすごく出てしまった。

夏休みには、学会あたりがオープンスクールをやったりしているけど、今やもうオワコン化がひどい状態になっている。完全にオワコンしちゃった創価女子短期大学は、２０２５年度の募集を最後に閉学しますから、ほんとに。

創価二世でも、私のころは親縛りが相当あった世代で、親の意見で創価の学校に入ってきた。干支が1周して12年あとぐらいの人にもやっぱりまだちょっと親縛りがある感じがする。

でも、私のころよりは弱い。さらにもう1周下がると、親の意向とかはあんまり、という人がだいぶ増えている。

ミッションスクールとか仏教系の大学があるけれど、その感覚にちょっと近くなってきた感じがする。青山学院大学とかはミッション系だけれど、別にそれをどうこうするというわけじゃない。

親が創価なので、家が念仏なので、葬式はそこであげます、ぐらいの感覚にまで形骸化してきている。よくいえば、伝統宗教の一つみたいな感じになった。

創価に行って信仰を高めるというのではなくて、親が創価なのでそれで行くんだけどね、ちょっとね、ぐらいの感じになっちゃっている。

池田大作がいなくなってからは、先生のご構想を叶えるんだみたいな、創価学会の最大目的もなくなってきちゃったので、かなり形骸化した感じがする。

第4章　創価学会と手を握るものたちのタブー

芸能界に潜り込んでわかった創価学会

民音のコンサート

民音のコンサートには、直ではないけれど、創価つながりのゲストで呼ばれたことがあった。そのときは山本《やまもと》リンダさんがメインで出ていた。

民音は、山本リンダさんとか、研《けん》ナオコさんとか、細川《ほそかわ》たかしさんといった方のリサイタルやコンサートを、主催したり後援に入ったりしてやっている。ちなみに、共産党を母体として戦後にできたのが労音で、創価学会を母体とするのが民音だ。

民音関係の仕事はそれ1回きりで、それ以外ない。今名前をあげた人は創価学会員だが、民音でやっているからといって、すべてが学会員というわけでもない。

芸能と学会も、今でいうところの集客ビジネスだから、まあまあ近いところもあり、民音に出た人の関係者に学会員がいたりするのは普通のことだろう。

もっと昔のことをいうと、『人間革命』の映画化がある。丹波《たんば》哲郎《てつろう》さんがやったり、西《さい》郷輝彦《ごうてるひこ》さんがやったり、もっと前は、それこそあの三船敏郎《みふねとしろう》さん。

三船敏郎さんは、池田大作のお気に入りだった。「世界の三船」だからか、特にスポンサードもしていて、三船さんと並んだ写真がよく聖教新聞に出ていた。

娘の三船美佳《みか》は学会員だし、三船敏郎もその縁で、すごい信心の強い信者じゃないけども、とりえず籍は置いていたようだ。

パトロンの池田大作も半分はミーハー気分を楽しみ、半分は宗教的な広告塔として活用していたのだった。映画なり、お芝居なり、リサイタルなり、民音がバックアップするとなると、やっぱり確実な集客を見込める。

ワハハ本舗の面々

ワハハ本舗といえば創価学会で有名だが、ここは民音が後援することが多い。

ワハハの創価率は50％以上で、もうほとんど創価学会だから。３派閥のうちの２派閥である久本雅美《ひさもとまさみ》、柴田理恵《しばたりえ》は創価で、久本・柴田・喰始《たべはじめ》の３派閥。喰始は演出家で、ワハハ本舗を作った人なんだけど、学会員ではない。

私は、そんなにワハハ本舗を追いかけてはいないんだけど、面白いことに、ワハハ本舗は最初の１期生はすごく売れた人が多かった。久本・柴田もいるし、吹越満《ふきこしみつる》さんが役者として伸びていった。

演出家には喰始さんがいて、この人はゲイなんだけど、なかなか変わった人だった。こういう人たちが集まって、ちょっと先鋭的なアバンギャルドなパフォーマンスチームみたいなところで始まったのがワハハだった。

ワハハ本舗は結局、そのお芝居よりも演者さんのほうが、芸能界的にステータスが高くなっちゃった。役者としてどうこうというのはわからないけど、柴田理恵・久本雅美はトップバラエティースターだから。

今はそんなに舞台に出ていないかもしれないけれど、何しろもう30年ぐらいずっとやっていた久本さん、柴田さんなので、よく若手の面倒を見ている。そういう久本さんから「ええで、この信心をしたら」と言われたら、「絶対に嫌です」とは言いづらいでしょ。

梅垣義明《うめがきよしあき》さんとかのあの辺の同期の人なら、「まあまあ久もっちゃんの話もわかるけどね」ぐらい言えるけれど、若手は言えない。劇団の中でも先輩だし、それだけだったらいいけれど、芸能界としてもけっこう上にいる人だから。

久本さんに誘われて断ったら、嫌われるかもしれない、というちょっと怖さもあるでしょ。「断ったらなあ、なんか…」と思うだろうし、久本さんの番組にちょろっと出してもらうとか、そういう機会も奪われるだろうし、と考えちゃうとやっぱりやらないとな、となる。

そういうワハハだとわかっていて入るならいいけど、ワハハ本舗の公演だけ見て、単純に憧れて入っちゃうとなかなか大変なことになっちゃうんですね。

学会に入ると売れるか

久本さんたちも、確かに苦労されているんだけど、相当数いる今の若手はもっと苦労している。もっともっと下積みが長い。

猫《ねこ》ひろしもワハハなんだけど、マラソンの話題もあって売れだした。面白いことに、売れる人間に限って、あんまりプロパーで劇団の活動をしていないのだ。

生粋の劇団から始めて役者として売れたとか、バラエティーで売れたという人は全然いない。だから本当に難しい。これればかりは、どこでトレーニングしようが、その本人の資質なんだな、ってちょっと思いますね。

久本・柴田以降って誰も売れないですもん。学会をやったら売れるよっていうけど、誰も売れていないじゃないか、っていう話なので、全然信心の、宗教の力はないじゃないか、って思っちゃいますよ。

久本さんや柴田さんは、私のような宗教二世ではない。細かいことをいうと、久本さんは、最初からの創価じゃない。日蓮正宗の信者ではあったが、信徒団体の創価学会員ではなかった。

じつは、最初は日蓮正宗側に入ったのだった。妙観講《みょうかんこう》という、日蓮正宗の中でもちょっと先鋭的というか、活動が活発な出家団体があって、そこに入った。

その後、創価学会と関係している間に学会に移ったという経緯があるんだけど、別に一般的にはどうでもいい話か。

学会を企業体として見て判定すると

強い国土利権

こんな質問があった。創価学会を宗教的な見方ではなく、一つの企業として見て優良そうだから入る。そういう人はいるのだろうか。ヤクザでもないのに、そこの財務が面白そうと難関大学卒の人が暴力団を就職先として選ぶみたいなね。

学会は宗教組織であって、企業体ではない。創価学会の組織を終身雇用的な発想で選んだところで、何の将来の保証もない。今の22歳が大学を出て、創価学会に入って、定年までその給料が保証されるかというと、ちょっと考えづらい。

創価というより、創価関連の企業とか、創価学会と取引を密にしている企業に入るとかならあるだろう。ただ、学会は公明党を持っているから、いわゆる国土利権というものをしっかり握っている。その利権は、地域レベルでいうと建設、それから解体といった廃棄物関係、そして清掃。あとは警備だろう。

この辺のところの利権が地域レベルで、いわゆる官製ビジネスの公共事業みたいなものとして下ろされる。そういうのは自公が強かったりする。

創価学会をやっていると、そういう建設、解体、清掃、警備ぐらいの業界の仕事には、優遇というか、ありつきやすいというところはある。

たとえばの話、創価系、公明系の名前だけの企業を、4つ、5つつくって、同時に入札したら、絶対に抽選に当たっちゃうでしょう。そういうやり方だってできるわけだし、今、絶対にやっていないという証明は難しい。

公共ビジネスにありつく目的で、創価をやっていたり、一応創価の組織をやっているという方も、一説にはいらっしゃるというが、ただ、創価本体に、おいしいから入ってくるというのは、まるっきり聞いたことがないし、どうかなあ。

学会は優良企業体か

学会は政財界に通じる優良コンテンツだといえるのか。たしかに、党に対してはあるかもしれない。私は、無所属の議員だけど、政治家になるんだったら、創価学会に入っていたほうが確実になれるっちゃなれる。

ただ、自民とか立憲民主と違って、公明党は党員のガバナンスがけっこう厳しい。お金に関しても、裏金が仕込めるというわけでもないんで、そんなにおいしさを感じていないんじゃないか。

創価関連や学会公務員になったら、給料がどれぐらいかバレている。要職の役職、責任職に就いている人は献金も給料の10分の1はしなさいよ、っていわれる。

年収６００万円もらっていたとしたら、60万ぐらいは年間出せよ、という話だからなかなかきつい。年間60万が毎年だから、家族を持っていたら、これはしんどい。

学会は、献金、寄付を財務といっているが、「みなさん、財務をやりましょう」と平会員にいわなきゃいけない立場だと、自分はやらないというわけにいかない。

財務のシステムは、一人一人というより一定のエリア、地区とか支部が単位となっている。新宿のあるエリア、その地域でどれぐらいにするか。今年は、トータル３００万円以上やろうとか、４００万円以上はあげたいねとか、そういうエリアの目標が決まる。目標は上からではなくて、それぞれのエリアで決めていく。それで、皆さんどうですか、とやるので、上意下達的にノルマを課せられたわけではない。

キックバック

学会には関連会社がいろいろと知られている。雑誌の『パンプキン』とか『第三文明』

以外にも「え、ここ創価の会社なの」っていうような会社もけっこうある。山田養蜂場はそうだが、ヤマダ電機がそうだとか、ブックオフがそうだとかいう噂もよくたつ。

輸送系にもあるし、印刷系にも学会の関連会社がある。そういう創価本体じゃない関連企業で働いていても、いわゆる上納システムの輪の外には出られないのか、といえば、学会員じゃなければそこまではない。ただ、お付き合いもあるからどうなんだろうな、という気はちょっとする。

どの関連会社も、株式会社として存在しているから、わけのわからない金の流れはありえない。株主に、「われわれは創価学会員だから、創価学会に寄付できるようなお金を募って頑張ります」なんて口が裂けてもいえない。

経営陣のトップに学会員がいるかもしれないが、だからといって、学会に特別に利益を誘導するのは難しいだろう。特に上場している株式会社だったら、そんなことは株主に説明できない。

それでは、上場もしていない中規模ぐらいの株式会社ではどうか。さらには、零細企業ではどうか。こういったところのほうが、何かあるかもしれない。創価学会信者の社長とか代表取締役がいるところでは、一定数そういうこともあって、何かしらのキックバックとかしていることはあるかもしれない。そう考えたほうが、私は自然だと思う。

宗教活動コミ

就職した先が公明党だったり、創価学会の本部だったり、聖教新聞だったり、それこそ潮出版社とか、第三文明社とか、シナノ企画とかの、完全に創価の業界だったりすると、入った人には、緩く信仰をするという選択肢はない。

創価学会系の企業とか団体に入ってしまった人は、折伏も、新聞啓蒙も、選挙の票取りも、Ｆ（フレンド票）取りもきっちりやることになる。やらないという選択肢はない。創価学会の活動をすることが給料に含まれていて、仕事自体にそういう裏テーマがあるのだ。

聖教新聞記者になったら、その聖教新聞記者だけの仕事を取ると、普通の新聞記者に比べると、仕事量も、拘束される時間も少ない。マンパワーの使うエネルギーコストは少ないといえる。

聖教新聞を手に取って開いてみればわかるが、そんなに大したことは書いていない。社会面だって、1面、2面ぐらいにチャチャッと書いているだけ。それだけ見ても、三大紙といわれている新聞や、いろいろな業界紙に比べると仕事量は少ない。

夕刊がないし、12ページだし。だから、仕事の少ない分、選挙活動をやったりいろいろ動けよ、それに給料を払っているんだからな、ということである。

シナノ企画の動画配信の仕事量なんてそんなに多くない。学会の動画があちこち出回っているかというと、大したことない。楽しているその分は、「おまえ、もっとどこどこへ行って、選挙活動の応援してこい」とか、「新聞啓蒙するために取ってこい」というような実働部隊にされちゃうわけですね。

選挙になると、元統一教会が自民党の応援に入るけれど、公明党は、創価学会という自前がある。

学会系の職員さん、学会系の会社の社員の人たちが、半ば合法的に創価学会活動、選挙活動ができちゃうという理屈になっているから、信仰の度合いが強い弱い関係なくやらなきゃいけない。

賑わいは去った

関連民間企業で働いている方には、今では、信仰心が弱まっちゃっている人がけっこう見られる。昔は「あの人、創価なんだ」と、まわりから白い目で見られるのを逆にバネにしていた。

それをエネルギーにして活動していた人が多かったけれど、表立って創価魂を見せてやるんだ、なんていう人はもはやいなくなってしまった。かつて元気だった人が、今ではもう高齢化していることもあるけれど。

プロ野球の世界にも、創価大学出身の選手がたくさんいた。栗山英樹《くりやまひでき》さんなんかも大学は東京学芸大学だが、創価高校だった。

創価大学出身で活躍している野球選手がたくさんいるけれど、何かしらの活動をしているなんて、ほぼほぼ聞いたことがない。心に秘めた宗教心はあるのかもしれないけど、別にそれを何かでアピールすることもない。

シナノ企画の学会勧誘ＤＶＤとか動画も、あんまり昔ほどは多くなくなった。ナイツがまだちょっと出たりしているけれど、これが最後じゃないかな。

学会員のナイツは、母校創価大学の学食が一番おいしかったと、バラエティー番組なかで明るく話している。彼らが、創価を健全に話すのは、それはそうなんだろうなと思うが、ある雑誌の情報ランキング企画で、幸福度ナンバーワン大学が創価大学でした、とあったのは、それはちょっと一瞬怖いなと思った。

塙宣之《はなわのぶゆき》がいたときだから、１９９０年代じゃないかなと思うが、そのころはまだ活気があった。塙たちが見ていた創価大学も、平成の前半のよかった時代というか、創価が賑わっていたときだった。子どもも多かったし。

だけど、今はもうそんなものないですよ、残念ながら。

創価学会員と公明党役職者の関係の謎

一方通行

政教分離を宣言して以来、公明党議員は必ず学会の役職を離れてから立候補している。学会である程度の役職だった人が公明党にいくこともあるし、学会での役職はないけれども、公明党に引き抜かれることもある。

そうして公明党にいった人が、学会に下りてきて、また役職に就くということはあまりない。二つの組織の関係には明らかな一方向感がある。

公明党だけでやっている人も、一応学会員ではある。ただ、学会の活動は体力的にも時間的にもけっこう取られるので、公明党の生活に慣れてしまうと、創価に戻りきれないという側面もある。

公明党の議員であれば報酬をもらえるけれど、創価はないでしょう。しかも大物が戻るとなると、学会本部の大きな役割のある職員にならなければいけないし、諸条件がガラッと変わってしまう。そういうこともあって、公明党の支部長とか党役員になって、議員引退後も仕事を続けていくことになる。

創価離れ

今から20年ぐらい前までは、創大閥ブランドの価値が非常に高く、池田の直系として学会内で幅を利かせていた。創価の幹部になっていくのもあれば、公明党にいくものもあった。私の同窓生も、公明党の市議会議員、区議会議員になったり、国政とか都政、県政に入っていった。

こうして創大ブランドを背負った公明党の議員を輩出したのが２００５年ぐらいまでだったから、ちょうど私がテレビとかに出ていたころだ。そのころから、だんだん創大ブランドというものが会内でも薄れていって、創価の毛色じゃない人が公明党議員になっていった。

今ではもうほかの党と同様に、学歴が高いとか、議員として向いているという要素で選ばれている。国政レベルになると、どの党でもやっぱり学歴、職歴がものをいう。公明党の衆議院議員の岡本三成《おかもとみつなり》さんはゴールドマン・サックスだったし、弁護士だったとか、医者だったとか、そういう人が公認を取って国政に挑むことが多くなっている。

それがクレジットという感じで、新人で出るときに、何もない人を国政政党が公認することは今少ないでしょ。この人はいい人なんですよ、なんていって、ふつうに平サラリーマンをやっていましたみたいな人が「頑張ります！」みたいのはない。

公明党も、ブランドが幅を利かせるようになってきているなという気はする。昔はそれこそ学会で頑張っていた人間が、そのまま都議会議員とか県議会議員になったり、市議会議員、区議会議員になったりしていたものだから。

那津男ショック

山口那津男《やまぐちなつお》さんが公明党の代表になったのは、一種のエポックメイキングなことだった。彼は創価の序列では低い人だったから。

それまでの矢野絢也《やのじゅんや》さんとか、竹入さんとか、石田幸四郎《いしだこうしろう》さん、神崎武法《かんざきたけのり》さん、市川雄一《いちかわゆういち》さんは代表ではないかもしれないが、書記長をやっておられた人で、そういう方々は、いわば池田と席を並べて、学生部長だったり青年部長だったりして、直接池田から薫陶《くんとう》を受けた人間だった。

世代としては、そのまま公明党の要職トップになっていく「池田と共に」世代だといえる。

山口那津男さんは大作とちょっとかぶっているんだけど、やっぱり大作が表に出なくなったころに代表になっている。山口さんは、じつは学会の中での役職は低く、地元の地区部長ぐらいのレベルの人で、学会の幹部、上として活動してきたというわけではない。弁護士で、議員に向いているからという理由で政界に送り込まれた人なのだ。２回ぐらい負けているけど、生来持ち合わせた人当たりのよさ感がちょっとあるので、代表に祭り上げられちゃったという感じである。

公明党は創価学会には、当たり前のことだが頭が上がらない。公明党が独自にできることはほとんどない。やっぱり学会があって、そのバックアップがあって、われわれの政治活動ができているという意識でいるのだ。

昔からずっとそうだが、公明党は学会員の支持がなかったら、たぶん誰一人受からないはずである。みんな落ちちゃうでしょう。

自民党と創価学会の特別な結びつきとは

平和の党として

公明党は、あるときから自公ということで与党になったけれども、平和の党として健全な野党をやっていた時期も長かった。今も平和の党といっているが、あえて政権側に寄り添うようになったのは、何があったからなのか。

創価学会の大きな変化の一つとして、このまま野党でいてもしゃあないぞ、自民とくっつくほうがわれわれの理念の実現が近いぞ、という判断が大きいところだっただろう。

実際に、創価学会はオフィシャルにはそういっているが、学会の一部の層には反発はあった。リベラルではない自民党と、公明の標榜している平和の党とか福祉の党というテーマとは相反する。だから自民とはくっつくべきじゃない、という人たちだ。

敵基地攻撃能力にしても、第三国で武器を売買できるというようなことも、自民が法案として出してくれれば、公明党も結局は賛成する。もはや、自民党の尻にくっついた金魚のフンみたいな状態になっていることは否めない。

これは政界にいる人はみんな知っていることだが、敵基地の問題のような、何かしら平和とはちょっと外れた法案が出てきたときに、公明党は２カ月ぐらいごねる。それは、よくあるいつもの創価学会向けポーズなのだ。ごねながら、ちょっと附帯決議をつけたり、ここはちょっと削ってとかして、多少修正を入れたという形をつくる。

結局は、ほとんど修正なんか関係なく法案を通す。防衛問題に関して、われわれが自民党に歯止めをかけたという、支持者や学会向けへのアピールだけはして。

自公がくっついた謎には、三つの裏の理由がある。

自公連立の機運

与党の自民党は、議会交渉術の一つとして野党ともつき合っていかなきゃいけなかったから、創価学会は、野党にいるときも自民党と関わってきた。

言論出版妨害事件のときに、竹入さんが、田中角栄さんに依頼して、藤原弘達さんに、出版をやめてくれないかという圧力を加えられたのも、自公が与野党の関係でありながら、有力なパイプがあったことを示している。

自民党と公明党がくっついたのは、政策的なもので補完し合えるものがあったと、公明党はそういっているのだが、実際には党の毛色がはっきり違うし、今でも違っている。それには、別の重大な理由があったのだ。

オウム真理教の問題が出てきたときは、自民党と公明党は与野党で対立する立場だった。そのとき宗教法人法が問題となって、オウムはやっぱりつぶさなきゃいけないという主張の延長で、創価学会も問題があると自民党から相当叩かれた。

自民党が本気で宗教法人法を盾に創価学会を攻撃してくると、公明党としてはやりづらい。怖いという危機を感じたのは事実である。

これが第一の理由で、対立を避ける一つの方法は組むことである。そういうことがあり、自民党との連立が成立したのは、小渕恵三《おぶちけいぞう》さんが首相のときで1999年だった。

自公連立までの歴史

そこまでの政治状況を略述してみる。

創価学会が政治に関わったのは1956年、このとき参議院に進出した。

1964年、公明党として正式に結党。

1965年、参院選で11人当選。

1967年、衆院選で25人当選（衆議院に初進出）。

１９９３年に非自民、非共産の８党派の細川連立内閣が成立。

１９９４年、自社さ（自民・社会・新党さきがけ）政権で自民は社会党の村山富市《むらやまとみいち》さんの首班指名を受け入れ、また権力の座に戻った。

１９９９年に衆院選で自公両党が大勝、自自公（自民・自由・公明）連立政権が発足した。

２０００年からは自公の選挙協力がはじまっている。

２００９年の衆院選で民主党が大勝した際には、公明党幹部も落選し、自民とともに下野。

２０１２年から自公政権に戻った。

こういう流れがある。

公金の投入

１９９６年には、住専国会があった。１９９０年代のバブルが崩壊して大変な事態になっていたが、住宅金融専門会社というものがあって、多額の不良債権を抱えていた。

住専はお金がなくなっちゃうし、大手の会社が続々と債権倒れする恐れがあるし、住専と取引のある金融機関の連鎖破綻の恐れもあって、予算で７０００億円くらい投入することになった。

つまりは税金で補塡するのだけれど、その7000億円のお金の負担の先に大手企業が続々と並んでいて、大騒ぎとなった。

なんで大手だけが救われるんだ、それこそタイタニックじゃないけど、お金を持っているところは救われて、中小が全部切り捨てられるのか。

住専は、債務が戻らなくなって貸し倒れになったわけだけれど、その公金を投入したところの中に、創価学会があったといわれている。それを、今になって証言する人が出てきているのである。

創価学会は、住宅金融専門会社にお金を預けていて、そのお金が公金投入で全部戻ってきた。この話が出ちゃうと、とてもまずいでしょう。なんで一宗教団体が、住宅金融専門会社なんかを使っているんだという話になる。

創価学会は、新進党で市川雄一《いちかわゆういち》さんと小沢一郎《おざわいちろう》さんとの一一《いちいち》コンビでうまくやっていた。そのときには、住専への公金補塡はやめようという側で、そんな予算を通すな、と大反対していた。ところが、どうも創価学会がそこに絡んでいるらしいというところで腰が引け出した。

これが第二の理由である。

暗殺依頼疑惑

それにプラスしてもう一つある。

その当時の創価学会は、自民党とのやりとりでもいろいろきな臭いことがあった。東京都議会議員に藤井富雄《ふじいとみお》という公明党の古参議員がいた。今はもう亡くなってしまっている。その人が、池田の名代といわれている人だった。

都議会議員と国会議員との関係は、創価学会ではちょっと複雑なことがある。学会のヒエラルキーでいうと、先輩格の議員のほうが都議会にいるという不思議な構図があって、その都議会のドンといわれている藤井富雄が、指定暴力団山口組と交渉する窓口であった。

当時、その山口組の２次団体の後藤組の組長だった後藤忠政《ごとうただまさ》さんに、暗殺依頼ととられかねないことをほのめかしていた。

創価学会を害するやつ、創価学会の利益に反する輩を５人ほど挙げて、ちょっとこの人をどうにかしてくれないか、と頼んでいるところをビデオで撮られた。それを野中広務《のなかひろむ》さんが手に入れた。

暗殺の標的は、亀井静香《かめいしずか》さんとか白川勝彦《しらかわかつひこ》さん、島村宜伸《しまむらよしのぶ》さん、乙骨正生《おっこつまさお》さん、朝木明代《あさきあきよ》さんとされている説がいくつかのメディアで報じられた。

そのビデオが自民党に持ち込まれて、自民党から「公明党さん、これ、どうも殺害依頼しているみたいだけど、どうなの？」なんていう話があったのである。

これが第三の理由である。

住専問題プラス暗殺依頼疑惑のビデオ。この問題が出て、その後に自民党と自由党と公明党とが連立する。宗教法人法、住専問題、ビデオ問題、この3点が自公の始まりだといわれている。

きな臭い事件の決裁者

自民党もそんなビデオを見てびっくりしちゃったんじゃないか。公明党はここまでやる？　学会はそこまでやる？

今の公明党ではちょっと考えられないが、昔は創価学会がヤクザを使って市民団体を脅したとか、対立する日蓮正宗のところに街宣車を回したとか、そういうきな臭いことがあった。だから、別にそこまで驚くことではない。

1992年、『マルサの女』シリーズや『ミンボーの女』の監督の伊丹十三《いたみじゅうぞう》さんが襲撃されて重傷を負った事件があり、後藤組の組員が逮捕された。この事件に創価学会が関与しているかどうか真偽のほどはわからない。ただ、創価学会と後藤組との長きにわたる関係性からすると疑いの目を向けられるのも仕方ないだろう。

暗殺依頼疑惑のビデオの件も含め、亀井静香さんは警察官僚ＯＢだし、知っていることはあるだろうが、それらの話は墓場まで持っていくということになるだろう。

亀井さんは、その１９９５年当時、ＳＰとか警察の警護を増やしていて、明らかに暗殺を警戒していた。だから、本当に暗殺依頼が出回っているということはたしかだ。

四月会という創価学会叩きの急先鋒になった団体があって、亀井さんとか白川さんとか、今は亡くなった安倍元首相もその中にいた。こういう人たちが、一緒になって公明党を叩いていた。亀井さんは、そのころ自公連立に反対していた。そんなときがあったのだ。

飛び火が襲う

藤井富雄さんは、自民を敵に回すのは得策ではないと考えていた。もう一つ宗教法人法を審議するときに、池田大作の国会証人喚問の問題が起こった。宗教団体のトップである池田大作を国会に呼んで、それで尋問すればいいじゃないかと、当時の自民党が相当突き上げていた。

池田は、急に熱があるとかいって出なかった。あの人は、すぐ仮病を使うんだけれど、代わりに秋谷さんが出ている。

それは、オウムが出てきて、創価にも飛び火していた時期だったが、今でいえば統一教会が問題になって、宗教に対する見方が世間的に厳しくなっている。創価もちょっとは問題にされたが、メディア全体では追及の機運はない。「創価もやれ！」なんて絶対にいわない。

毎日新聞、読売新聞なんて、輪転機を回して創価の新聞を刷って、ちょっとお金をもらっていたりする。北風と太陽でいうと太陽政策によって、創価の手の内に入ってしまっている。

今となっては、私が一人頑張っているみたいなものだから……。

さまざまな業界に入り込んでいる創価人脈

芸能界熱心さの濃淡

久本さんと柴田さんの話は前にしたが、どんな方々が創価なのか、軽くお話ししておこうかな。

石原《いしはら》さとみさんとか、井上真央《いのうえまお》さんとか、岸本加世子《きしもとかよこ》さんも創価だ。岸本さんガチガチに創価。芸術部のトップだし。

滝沢秀明《たきざわひであき》さん、ナイツ、ねずっち、中川家《なかがわけ》、エレキコミック。この辺はもう創価ですね。最近でいうと鈴木奈々《すずきなな》さん。あの人もそう。学会の大きな会合にビデオ出演して「私も同志です」って元気だったのが、鈴木奈々さんだったという情報は入ってきている。

氷川《ひかわ》きよしさんの場合、いわゆるＬＧＢＴＱを軸とする非公式なコミュニティーが創価学会内にあるのだが、その濃厚なコミュニティーの中で信仰が深まったようだ。

ある会合で一緒になったことがあった。氷川くんと滝沢くんがいて、氷川くんはかなり熱心だった。タッキーは二世で、親がけっこう強めにやっている感じ。

滝沢くんは、一応会員、親がやっているから一応やっています、というか、何か会合があったら一応ちょっと出ますけど、ぐらいな一応な感じがした。

岸本さんは熱心だった。今もトップかわからないけど、芸術部トップだった時期はあった。やっぱり岸本・久本・山本。私は「3本《もと》」と呼んでいるんだけど、この3本が強い。ここは、創価の芸術部の核になっている、背骨になっているところかな。

石原さんは、小学校から高校まで創価。ほとんど私と同じような経歴を辿っている人で、親が熱心で、本人もある程度やっているとは聞いている。立場上もあるけど、公にいえないというか、いわないというか。

マイルドヤンキー度があるから、自分がもともといるコミュニティーに対する愛着みたいなものも非常に強い。小学校から高校まで創価だから、友だちもそうでしょ。やっぱりそうなると、そうそう創価をやめるとかはちょっとできづらいというのがあるかも。

上戸《うえと》彩《あや》さんは、私もあんまりわからないけど、でもいわれている。上戸さんは親がそうだったのかな。学会内でも、「上戸さんは頑張っているよね」とか、井上真央さんもよくいわれている。

学会内でいわれているし、一般でもいわれている人は濃厚なんだけど、たまに学会内でいわれていて、外部でもいわれているんだけど違うっていう人もいる。ちょっとそれはかわいそうだなと思いますね。

松山《まつやま》ケンイチさんも創価だっていう。たぶん私なんかと一緒なんじゃないか。聖教新聞の販売店を営むお父さん。私は、役者系の人はあんまりよく知らない。広報ビデオに出ている人はもう学会員です。

高橋《たかはし》ジョージさんと三船美佳さんも。彦摩呂《ひこまろ》さんとかもゴリゴリですね。

オードリーはどっちかが学会員。前田《まえだ》健《けん》が折伏したんですよ。オードリーはマエケンと、ものまねバーで一緒ですよ。新宿のなんだっけ。最近全然行っていないから名前が出てこないな。キサラだ。

あとは楽《たの》しんごとかはそうです。

研ナオコさんはそうだったんだけど、今はどうかな。創価だった時期はある。

クリスタルケイとかは有名です。パパイヤ鈴木さん、田中美奈子《たなかみなこ》さん、島田歌穂《しまだかほ》さんね。

Ｗｉｎｋの相田《あいだ》翔子《しょうこ》さんもそうなんですね。有名です。

Def Tech のマイクロさんは話したこともありますけど、有名ですね。クラブみたいなとこで会って、なんか偉そうでした。だからあんまり印象はよくないですね。

マイクロは「うちの創価コミュニティーでは評判悪いですよ」とかなんていっていて、

知ったこっちゃないよと思ったけど。マイクロに関しては、共通の友人がいて、「あいつの素行の悪さには参っている」という話をよく聞いていた。ミュージシャンはキメて当たり前みたいなところがどこかあるんでね。

海外の学会員の視点

次に海外勢。

オーランド・ブルームとかロベルト・バッジョ。

ロベルト・バッジョはイタリアなんだけど、「仏教徒になったことが最も幸せ」と書いている。もしかしたらバッジョは、今もやっているかどうかわからない。

一時期はアメリカもそうだしヨーロッパでも、仏教といったら創価学会のことだった。それには理由があってね。

創価学会には、公明党といういわゆる強い政治団体がある。国政政党がある。海外に宗教として紹介するときには、強い政治機関があるところでの担保というか、承認があった上で海外に持っていくわけだから、普通の宗教よりも、お国として認められやすいというか、承認が受けられる。

アメリカの場合は政教一致が緩いから、布教をするときにもやりやすかった。特に19

８０年代から90年代ぐらいまでのアメリカは、仏教といったら創価ということだった。もちろん禅宗とかいろいろある。だけど一番有名とか、一番流通しているものが何なのかというと、ハンバーガーでいうマクドナルドみたいな感じだった。仏教界のシェアが絶大だったんです、創価学会が。

日本の仏教といったらもう創価みたいな感じで、創価学会の仏教の教学をどこまで理解しているかわからないけれど、ロベルト・バッジョのように、仏教に心酔するとか、傾倒するとか、思いのある人も取り込めたのだ。

ティナ・ターナーとか、オーランド・ブルームもそうだし、ハービー・ハンコックとかいるんだけど、アジアの仏教といったら創価みたいな、間違った認識を持たされてやり出しちゃったというところもある。

アカデミズムの学会員

脳科学者の中野《なかの》信子《のぶこ》さん。創価高校を出ているから、ということらしいが、本人はあんまりいいたがらないという感じなんで、たぶん今は幽霊会員みたいな感じだと思います。

スポーツ界の学会員

サッカーの中村俊輔《なかむらしゅんすけ》。有名ですね。中村さんの場合は親がすごいから、親が信心していて、中村俊輔という世界的なサッカーのスターが生まれたんだというので、よく勧誘するときの広告塔になっていた。宗教いい話、成功ストーリーに祭り上げられていた。

でも、本人がどれだけ熱心かはちょっとね。親がやっているからやっているという感覚だと思う。

勧誘のときもそうなんだけど、献金するとき、学会でいう財務のときにも、芸能人は使われる。あの人が何千万やったとか、それをいっちゃう。だから今、いろいろテレビに出ているんだとか、成功しているんだ、みたいに使うのはやっぱりひどいなと思う。

学会を成功に利用できるか

学会に入ったら、仕事がもらえるんじゃないかと勘違いしている人もいらっしゃる。ちょっとは増えるかもしれないけど、だったらワハハ本舗の人たちもみんな売れているだろう、っつうの。売れてねえだろ、って。ある程度の実力ですよ、それは。もうしょうがない。

スポンサーで学会が入っている場合もあるわけです。聖教新聞だとか、そういったところだと学会系のタレントを切りづらいっていうのはあるかな。

学会が裏についているからって、代紋、筋もんが裏についているんだとか、ケツ持ちがいるんだという感覚は、あんまりないんじゃないかな。勝手に思っている人はいるかもしれないけど。

学会がスポンサーに入るとか、学会の人がプロデューサーとか制作にいたりすると、キャスティングで優遇されるというのはあるので、ビジネス創価としてやっているような芸能関係の人もちょっといる。

私は、ほとんど支援を受けず売れてしまって、勝利の女神は後からフラフラ付いてきたみたいな。芸術部だって急に入ることになっちゃったし、逆だった。

だから、別に学会で売れたということでも何でもない。学会の人は見る目がないので、そのパターンが多い。聖教新聞とか学会系の刊行物だったり、民音とかにちょっと出たりする、無名というか、微妙な人がいるんだけど、売れない。

ナイツも、別に学会に推されていなかった。売れてから、「ナイツさん」みたいになっているし。

まあ、こんな感じですかね。

第5章　お笑いから政治家になった今のタブー

お笑いの社会的ステータス

大道芸から屋内芸へ

大学時代に、パントマイムとかいろいろやっていて、芸能の道、芸術の道に行こうと決めていた。一応、お笑いっていうことも視野に入れていたけど、大道芸人になっていったという感じだった。大道芸で、まあまあ稼げた。税金がかからないのでそのままお金が入ってきて、いいときには月に平均して17〜18万ぐらい、多いと35万。

テレビに出て、全国区の芸人になったのが32歳。22ぐらいから始めたから、結局10年かかっている。これは長いのか、短いのか。昔だったらもっとかかったなという感じもするが、今、もっと長く下積みをやっている人もいっぱいいる。10年だけど何とかなったほうじゃん、と今では思っている。

私はＮＨＫの『爆笑オンエアバトル』には29歳ぐらいから出ているんだけど、あれは深夜だから一般人は知らない。２０００年前後の土曜の夜に放送していた。普通の人に知られるようになったのは、『エンタの神様』（日本テレビ系）だった。

エンタは、ゴールデンというか、厳密にはプライムという10時から11時の時間帯だったが、視聴率がよくて、いいときには20％超えていた。

ギャラはそんなに高くないけれど、こういうでかいのに出ていると、他局に呼ばれたり、他の番組にも出たりするから、２次、３次的に実入りはよくなる。

私は『エンタ』ではそんなに苦労しなかったほうだと思うが、何とかそういうところをつかむまでもがいていたかといえば、それはもがいていた。視聴率がいいとか、みんなが見ているようなところに出ないとどうしようもないな、という頭はあった。

大卒の芸人たち

その当時は、大学まで行った芸人さんがちょこちょこ現れだしたが、まだあまりいなかった。慶応大学卒のふかわりょうが目についたくらいだったが、今はもう当たり前みたいな感じで、東大、京大もいるし、早稲田、慶応なんかゴロゴロしている。

浅草キッドをやっていた水道橋博士さんは、私より10個ぐらい上の世代。その水道橋博士と話していたら、お笑いをやっている人たちは、同世代に10組、20組ぐらいしかいなくて、それでしのぎを削っていたといっていた。今はどっと増えて、ライバルが１０００組ぐらいいる。

M－1の応募組数を見るとよくわかる。どんどん上がっちゃって、ものすごく多い。今は、芸人になるといっても親もあんまり反対しないんだろうが、昔はね……。おまえは、ばかなことばっかりやっていて何もできやしねえ、芸人をやるぐらいしかねえんだろ、みたいな、そういう立ち位置だった。

お笑いの社会的ステータスが上がったのは事実だ。それともう一つこういうこともある。芸能といっても、音楽とか、役者とかいろいろある。

私が見た限り、ミュージシャンで本当に有名になれる人となると、1年間に1組ぐらいしか出てこない。でも、お笑いだと1年間で7～8組ぐらいは全国区になるし、やっぱり確率でいうとお笑いとかからのほうが世に出やすい気はしている。

アメリカのお笑いの背景を見た

デモクラッツとリパブリカン

アメリカでステージに立ち、「間違いないっ！（イッツトゥルー！）」をかましていた時期があったが、政治と芸能について、いろいろと面白い経験をした。

政治に関しては、アメリカ人は政治の話が日本人より断然好きな感じで、大統領選挙が近くなると、みんな夢中になる。

デモクラッツ（民主党）とリパブリカン（共和党）というが、おまえはデモクラッツかとか、リパブリカンかっていう話が大好きだ。お笑い、コメディーの中にもすごく出てくる。ちょっとやり過ぎというぐらいに。

あの人たちにとって、政治の話はふだんの会話で、もう息を吸って吐くようにしゃべっている。政治というものが非常に身近にある。コメディー界隈の人たちも、その話しかしないで終わる人もいるぐらいだから、ちょっと日本とは事情が違う。

話に聞いて知ってはいたが、実際に行って、そういう中に浸ると、なかなかすごいものがあった。あらためて、日本のお笑いを考えてみたくもなった。

政治とお笑い

お笑いとか、コメディーとか、言い方はいろいろある。そういった演芸で、もう少し政治的なことを普通に、気兼ねなく発信しても、私はいいと思うし、そっちのほうがむしろ健全じゃないかなと思うようになった。

日本の場合は、それを嫌がるんだけど、政治というものは、それなりに身近にあるものなんだから、語らないほうが不自然でしょ。扱わないほうが不自然なんじゃないんですか、と私は思う。

別に、秘め事にしておかなければいけない女性の身体的な問題とかそういうのではないんだから、政治は。もっと言えばいいんじゃないの、と思うようになった。アメリカのお笑い体験は、それぐらいの影響はあったかもしれない。

アメリカ人は、年をある程度とってくると、歴代大統領のあのときはどうだった、ああだった、みたいな話もよくしていた。私も話の内容を完全に理解してはいないけど、また始まったな、ぐらいの感じで楽しんで聞いていた。

ニューヨークは、デモクラッツ（民主党）が多く、リベラルのほうを好む感じだった。私が行ったのは、オバマ政権誕生の直前だったので、おおかたそういう息吹だったが、今はまたちょっと違うんじゃないかなと思う。ただ、政治の話が非常に好きだということは変わらないだろう。

日本では、政治と宗教とプロ野球の話はするな、みたいな不文律があって、みんなどの政党を支持しているかを隠している。アメリカでは、俺は民主党支持者で、おまえは共和党だ。「俺はこういうのがいいと思うぜ」「でもそれ違うだろう、ヘイ、ガイ」という感じで話している。

ふだんから、おしゃべりの内容に政治ネタが入っているし、大統領選が近いと、半分は入れる。半分だから、それはもう大きい。彼らは、日本人はまず絶対にしない宗教の話もする。

自分の宗教をしゃべる

宗教はタブーではない。ニューヨークだと、やっぱりジューイッシュとクリスチャンの違いみたいな話は好きだ。ユダヤ教とキリスト教は、ちょっと文化が違うので、それの話もよくする。

ジューイッシュ・コミュニティーについての話は面白いらしい。ユダヤ人というのは、それ以外からちょっと差別的に扱われたりするが、でもユダヤ人が優勢になっているところもあったりして、いろいろな角度からジューイッシュの話をする、ジューイッシュが自己言及するというパターンも多い。宗教も人種もタブーじゃない。

人種についてしゃべる

自分の人種の話をすることはよくある。黒人は、黒人の話ばかりするし、白人との違いを話したりもする。マイノリティーは、マジョリティーの悪口を言っていいという暗黙の了解がある。

白人が黒人の悪口を言うのはちょっとだめ。黒人が、黒人の悪口とか白人の悪口を言うのはありなのだ。だから、アジア人はすべての人種について何でも言っていいということになる。何しろ最も少ないから、マイノリティーだからである。

黒人が白人の悪口を言っているとき、聞いている白人は、基本、笑う。笑わないジョークや悪口もある。黒人ってちょっと独特で、今までしいたげられてきたことを逆手に取るようなことも言う。

ちょっと、日本のお笑いとは毛色が違っている。向こうのほうは、なんか主張みたいなものがある。だから日本のお笑いとは相容れないところもあるだろう。でも私は、そういう差異を知るほうが面白いと思っている。

私自身が政治家になってから、アメリカ人のあのフランクな態度で、政治のことをオープンに話したらいいんじゃないかと思う。政治は、予算とかお金を決めるところでもあるから、わかりづらい話も出てきてしまう。だけど、なるべく視聴者、有権者、聴衆にわかりやすくするべきだと思う。

政治は、法律を決めているし、予算を決めているから、けっこうおおごとなところもある。新宿はすべて封鎖します、という法律を議会で可決すれば、本当にそうなるから。やっぱり権限は大きいなと思う。

政治家になって怖いと思うものはあるか

医療のタブー

うかつにメスを入れると、権力は怖い反応をする。そういう一般的な理解があるが、私は市議会なので、怖いということはそんなにない。宗教も深く手を突っ込むと危ないといわれるが、私はごらんのとおりに宗教のことはバンバン言っている。別に、アンタッチャブルとも怖い存在とも思わない。

私がこれからメスを入れなくてはならないと思っているのは、医療利権の問題だ。医療は、ものすごいお金がかかっていて、それが税金で賄われているところが大いにある。どこかで大きくメスを入れなきゃいけない。ただ、このテーマの追求は、市議会を超えてしまうかもしれない。

人の命を最優先というところを盾にして、しなくてもいいような治療だったり、薬の投薬だったり、製薬の処方だったり、診察だったりが、相変らずつづいている。結局のところ、医者は診察して、薬を出せば出すほど、お金が入ってくる。患者からの直のお金というより、７割だったり全額だったりが税金から出ている。

その額がすさまじい。医療費にまわる税金は、四十何兆円になっているわけで、全体の国レベルでいったら、３分の１ぐらいは医療費にかかっちゃっている。

告発者は消せ

私は、最終的にこの医療というものにも大々的にメスを入れたい。一部の人、一部の企業が儲かっているのはわかっていて、そこに医療業界をめぐっての病巣がある。

２人に１人ががんになるという時代にあって、その治療法が進化し、がんも薬で治る病気の一つになりつつある。それはいいことだが、医療費がさらにかかり、税金の負担も増大する。

そこに私が踏み込むと、医療を利権としてそのお金で生活している人や、周辺でいろいろ潤っている人間は嫌がるだろう。そこにメスを入れられるのは本当に困るわけだから、「厄介なことをいうやつだ」となる。それ以上のことも思うかもしれない。

医療体制は、さまざまな団体で構築されている。製薬会社とか、医療関係の機器メーカーがたくさんそこに付随してくる。そこに落ちていくお金の額はすさまじい。

よほど大きな尻尾をつかまれてしまったら、その業界は何百億円という損失になるかもしれない。何百億円の損失が出るとなったら、告発者を何億円かけても殺したほうがいいでしょう。

額が大きくなればなるほど、そういう怖さがある。建設関係でもみんなそうだ。大きなお金になればなるほど、告発者は身の危険になる。

皇室問題のタブー

これも市議会とはちょっと関係ないけど、やっぱり皇室の問題がある。これはちょっと繊細なところだな、と思っている。私自身は、皇室に対して否定的なところはないが、かといって、いわゆる戦前のような、万世一系の天皇の下にわれわれは、というような皇室復権の意見にはくみしたくない。

ワクチン行政のタブー

医療にちょっと近いけれど、ワクチン問題がある。

ファイザーのコロナウイルスワクチンを入れる前から、子宮頸がんワクチン（ヒトパピローマウイルスワクチン）を入れているのだが、なぜかそれもファイザーだったりする。

そこに投資をしているのがジャイアントな存在のビル・ゲイツ。

公明党は、党勢を誇るときには、ビル・ゲイツとのつながりをアピールしている。創価学会も「このワクチンがあって、皆さんが救われました」と会内で宣伝している。

コロナワクチンを打った回数は、最大で7回とか8回になっているというが、中心となって無料化を進めたのは公明党だった。

西東京市でさえも1年間で何十億というワクチン接種のお金が動いている。ワクチン接種の件で、ここ何年間で何十兆円というお金が動いている一方で、厚生労働省が認めたものでも７００人以上の副反応での死亡者がいるのだ。

今までの数あるワクチンとかの薬剤被害件数をはるかに超えている。これは人命にかなりの被害を与えている薬害だ。

科学的知見のまやかし

厚生労働省は、ワクチン接種によってコロナの重症化を抑えたといっている。科学的、医学的知見を持ってのことだといっているが、その医学的知見、科学的見地のほとんどが、ファイザーとかモデルナとかの資金援助を受けている大学教授、学者が発したものだった。

科学的見地は、どこからでも引っ張ってこられる。だから、そのベースになっているものはどこなのかを考えなきゃいけない。また、科学的見地と医学的見地というものには、必ず反対意見はある。いっぱいある。厚生労働省は、そっちは採用しないというだけのことだ。

両論併記ということで考えた場合には、もちろん反対意見も大いにあるので、絶対的な判断は生まれてこない。厚労省のように、賛成意見だけ取り上げれば、やっぱり効果があるんだな、ということになるが、公平性には欠けている。

現状では、医学的見地、科学的見地を公平にしなければいけないと、そこまで重くはいわれないから、都合のいい論文、セオリーを採用すればいいとなる。でも、それが有権者、国民にとって本当に有益かどうかとなると疑わしい、と私は思っている。

医療に関して、ワクチン問題に疑問ありの発言をすると、反ワクというイカれた人たちと一緒くたにされて、どうしても誤解はされやすい。しかし私は、事実を積み重ねて考えることが必要だと思う。

ワクチンで相当なお金が使われている。副反応で実際に亡くなった人が700人以上いる。超過死亡といわれている人が例年の倍いる。

超過死亡は、一時的に死亡率が増大する現象だが、超過死亡者の増大は、コロナウイルスワクチンが行なわれてからの時期と完全に符合している。

完全なその因果関係は認められないけれども、普通に見れば、このコロナウイルスワクチンの接種とその超過死亡の多さ、激増ぶりはちょっと関係があるんじゃないかなと考えたほうが自然かなと思う。

被害の認定にいくらかかるか

ワクチン被害を厚生労働省に認定してもらおうと思ったら、非常に多くの資料を取り寄せなければいけない。資料・フォーム１００枚以上必要だというし、人によっては１０００枚以上要したという人もいる。

そんな労力を使ってまで健康被害を訴えるのかというと、また少なくなっていく。被害があったのに泣き寝入りしている、という方も相当数いらっしゃるはずだ。

そんなふうに、構造的な問題も大いにあるな、と私は見ていて、政治家として、これは訴え続けようと思う。そこで、ワクチンの営業部長みたいになっているのが公明党なので、こっちもまた大いに問題があると思っている。

今も、違う案件で公明さんとはやり合っていて、裁判している。それとは別に、医療という大きなところにメスを入れるとすると、いよいよ大戦争になっちゃうわけだ。

それで一定数の市民・国民に救われる人がいるならば、リスクを恐れる必要はない。私はそう思っている。

私は、あんまり欲がなくてね。明日死ななきゃいけないんだといわれても、まあしょうがないかなと思っちゃう人だから。だから、あんまり恐れるものがない。逆に、別にいいですよ、とことんまでやってやりましょうか、というところもある。

薬事承認と安全性

ワクチンの薬事承認に関しても、特例承認とか緊急承認の危険性の問題がある。治験半ばで、安全性がまったく担保されていない状態のまま、急ぎでつくらなければいけないという緊急性の理由の下に、承認のプロセスが進んでいく。

半ば危険性が残された状態のワクチンを相当打っている。打たされ接種しているわけだから、副反応が出ている人が多数いるのは考えられるなと思う。

新たにスタートするレプリコンワクチンは任意となる。ここからは接種にお金がかかる。結局、この新ワクチンも次々と変異していくウイルスを追いかけることになる。

ＫＬＰなんとかみたいな変異株に変わるから、ワクチンをつくるほうもまた変異した株に合わせてつくっているので、何を入れるのかはわかりません、みたいなことをいっている。

こうなるともう、半ば突貫工事でつくったようなワクチンを、いきなり人に打っていくことになる。実際に、もう死んでいる人もたくさんいる。私のまわりでも、３人いる。ワクチンを打って、３週間ぐらいで死んだ。

因果関係を完全に証明することはできない。でも、ワクチンを打って３週間で死ぬって、これはワクチンでしょ、って思うじゃないですか。ちょっと年はいっていたけど、すごい持病があるわけでもなく、３週間で死にますか。

私は、これは大きな薬害だと思っているが、議員の皆さんは何もいわない。とんでもないと思っているので、私は言い続けていく。

学会の復讐が怖くないですか？　別に……

学会に訴えられる

私は、１回名誉毀損で創価学会から訴えられている。「あんなちょっと話をしただけで裁判に持ち込まれちゃう学会、怖くないですか。政権与党の学会ですよ」と言われたが、それも面白いんじゃないかぐらいの感じで、別に怖くはない。私は、自分の身を捨てているというか、あってないようなものぐらいの感覚を持っている人間だから。

ちょっと格好よく言っちゃうけど、それぐらいの人じゃないと、やらないし、できない。わたし的には、今まで散々創価学会の批判はしてきたが、創価学会が公式に私を対象に糾弾してくることはなかった。

学会としては私にネタを提供することになると先読みしているのだろう。

ただ、学会は学会で、やっぱりさすがに社会的には成熟したところもある。あんまり訴訟を仕掛けていると、さすがにこれは嫌がらせだろうという見方も出てくる。そんなことすれば、私はそれについてもバンバン発信する。それもあって打ってこない。

攻めあぐねる学会

私の西東京市議会でも、公明党は全体の28人中の５人。たぶん世の中的には多くて25％もいかないぐらい。いくら多く入り込んでいるところでも、これ以上はいないだろうから、75％ぐらいはフラットな人だということになる。これも選挙でこうなったわけで、実際の比率ではもっと少ない。

それでも、ちょっとビビっちゃったり、面倒くさくなる人もいるだろうが、それは普通の人の場合で、私は公人でもあるし、ちょっと有名人だしで、手を出しづらいはずだ。

私に何かしらの意地悪してくるのはわかるけど、物理的な暴力とか恫喝とかがあったら、これまた創価学会自体の名誉というか、沽券《こけん》に関わる。

私に対しても、ちょっと攻めあぐねているところがあるんじゃないかなと思う。私が今、たまたま何かに巻き込まれたとしても、世の中的には学会のせいだといわれる。そういう意味では、学会側は学会側でリスクがある。

私が学会だったら、私に学会とは関係ない何かトラブルがあったら、そこに火をつけて、直接手は下さず敵の立場を落とすだろう。不祥事なのか、ゴシップなのか、そこを逃さず、

「やっぱり長井はとんでもない人間だ」と切り崩す。私ならそう考えるけど。

今、ネットでは、創価学会は悪口しかいわれていないわけだし、いろいろなことが暴かれてしまった。学会員で、そういうものを目にせずに純粋に信じ続けている人は、やっぱりもう70代、80代ぐらい。若い50代以下ぐらいだと、やっぱりネットによる暴露が目に入っちゃう。それにつねに接していると、それもそうかな、ってなってくる。

今の学会のトップから上層部の人も、どれだけの人が本気であの教義を信じて、心から手を合わせているのか。学会というパッケージ、機関をありがたく頂戴しているだけで、心身ともに信仰している方は果たしてどれだけいるのか。カリスマが亡くなったので、空疎なシステムだけになってしまっているような気がしてくる。

もともと、池田自体が宗教ということはあんまり信じていないような俗物的な人間だった。それをまわりの人たちは知っているから、その辺でビジネスとしてやっているのがほとんどになっていた。

これから誰がトップになろうが、熱量をキープするのは苦しいんじゃないだろうか。教義も誰が本当に信じているのかよくわからないし、新しい教義を打ち立てるようなカリスマもいない。若い子が入ってこないで、どんどん熱量が失われていく。空気が抜けてしぼんでいく創価学会が、私には見えるような気がする。

おわりに

この本を通じて、自分の現在地点を示せたのではないかと思っている。

私は創価学会の中核の人材を養成する創価学会系の学校に、小学校から大学まで通い、創立者である池田大作の期待に応えられる人間になれと叩き込まれた。池田構想を叶える駒になることが人生最大のミッションとされていた。

私は8歳くらいから電車に乗って通学していた。学校では池田大作は超一流の世界の指導者だと教育されるが、行き帰りの電車の中吊り広告には「池田大作の女性問題」「創価学会の金満腐敗」「池田大作へ、被害女性からの告発」という文言が躍っている。

教団内と教団外の評価の落差を10歳にも満たない子どもながらに理解していた。

私の家には、創価学会員という特定多数の人間が出入りしており、創価学会は絶対無謬《むびゅう》でネガティブ意見は一切ないという家庭環境。創価学会に対する風当たりを全く体験することなく過ごせてしまうから、創価学会シンパに身を置くことでの安心感と心地よさも私は覚えていたのではないかと思う。

私は子どものころから、池田大作が世間から批判を強く受けてきたのも知りながら、当の本人・池田大作とも接してきていた。

池田大作本人からも、創価の学校の先生からも、家に集まる創価信者からも、「池田先生の正義を証明しろ」「池田先生が受けてきた不当な評価を弟子たちの我々が仇を討て」と批判勢力や睥睨《へいげい》する世間に対して復讐しなければいけないと敵愾心《てきがいしん》を煽られてきた。

池田大作の不当な評価を覆すことこそが使命であるという教育を一貫して受け、世間の持つ池田大作像を否定しながら創価に殉じることをしなければいけない——。子どもの時の私は、池田大作は凄いところがあるのかもしれないと、自己暗示をかけながら学会内外の温度差の違和感を埋めていたといえよう。

創価学会のオフィシャルな教義では、超常現象じみた話は否定されていたのだが、地元の会合や小座談会があると〝池田大作奇跡体験アンビリバボー〟な話が流布《るふ》されていた。

池田の目の前に鶴が舞い降りた、会館に敷設されていた何もいなかったはずの池で、池田が来館したら金の鯉が泳ぎだした、体調の悪かった幹部に池田が手かざしをしたら治った、池田来館の日に花壇の花が一斉に花開いた——などの話はまだ序の口。

世界の有識者・為政者がこぞって池田哲学に傾倒して、主要先進国のトップは池田大作のアドバイスを受けて施策を作り、世界秩序が保たれているという話や、地球外生命体が秘密裏に池田大作と地球の平和について交渉をしているという話まであった。

そういったアンビリバボーな話を本気でしていた創価幹部も目にしてきた。私はこの手のトンデモ話をお笑い話として聞いていたが、学会内では神格化されていくストーリーを好んで聞いている人も多く、真剣に信じていた会員も多かったと思う。

こんな創価だけれども、内実は献金を煽られて、どんどん貧乏になっていく信者もいた。借家住まいの家庭で、働き盛りの40過ぎのお父さんが創価活動と仕事の過酷さからか急死し、残された小さな子どもたちの周りにあるのは、創価学会のビデオ、新聞、テープの山。

パートの仕事でなんとか生計を立てている奥さんを見ていたときに、創価に巻き込まれて要らぬ苦労を強いられた被害者だなと悲しくなった。

先天的に四肢に障害のある友人に、「前世で、創価学会の信仰を誹謗《ひぼう》し、間違った宗教をしてきた罰で、障害を持って生まれたんだ」と暴言を吐き、創価学会に入らないと、もっと不幸になると勧誘をしていた創価信者もいた。

その場面を間近で見て不快極まりない思いをしたことを今も覚えている。

創価学会で人生を狂わされた人たちを目にするなか、最大限自分の発信で、これ以上の困窮者を増やさないようにすることが自分の仕事だと思っている。

自らの顔も名前も全て明らかにして、創価学会員からの攻撃も受けていく覚悟であるし、陰湿な誹謗があることで創価学会員の狭隘偏頗《きょうりあいへんぱ》な顔が世に知れていくことになるのを証明していけると考えている。

私もそうだが、創価学会員の二世・三世として生まれながらに信仰を強いられてきた方々がいる。

仏壇の前に朝晩に正座をさせられて読経《どきょう》・唱題《しょうだい》を20分以上強制されるのはもちろん、自宅に創価学会員の会員が集まりプライベートは皆無、創価学会が敵対人物・団体と指定する対象に撲滅唱題やヘイト替え歌を強いられることは、彼らの青年期に暗い影を落とすことになる。

学生時代、信仰に篤《あつ》い両親から、自分に起こる原因・結果・目的・手段に創価学会の信仰を紐づけられることに不快な思いをすることもしばしば。成績が上がっても、池田先生と祈りが通じたと結論づけられ、部活でレギュラーから落ちたら、信心が足りていないからと結び付けられる。

論理的な答えが親からは出てこないもどかしさに鬱屈《うっくつ》した思いがつのる。

大学生くらいになれば、献金をすっからかんになるまで行なうのが、池田先生への恩返しだと煽《あお》られる。

こんな家庭であることに違和感を覚えながらも、友人に窮状を伝えるのもはばかられるというジレンマを抱えることになる。

創価学会二世・三世の声を世間にしっかり届けていくのも私の仕事だと思っている。


本書の中でも触れたが、宗教二世問題も含め、今、私は政治家として多くの社会的問題に取り組んでいる。政治家を志す直接のきっかけとなった新型コロナウイルス感染症。新型コロナによる行動規制の時期は、友人の飲食店経営者や芸人にはきつかった。資金繰りに奔走しているかと思っていたら、消息がわからず追われる立場になっている者、ライブで使う小道具を家に置き散らかして消費者金融で食いつないでいる者もいた。

行政の決定一つで人生が狂っていく怖さ。特定の業界、階層の人だけが救われるという不条理に、議員という立場でのセーフティーネット張りは必須だと痛感している。

単独親権と手続保証の不備の間隙《かんげき》を突くかのように、実子の連れ去り、児童相談所の誤認保護で親子断絶という問題にも取り組んでいる。

適正な裁断もなく、実子との交流を絶たれるという不条理に苦しんでいる方々に対する正しい理解を周知していくこと、共同親権採用で、片務的な監護権の認知を改めさせることが必要だということも政治の役割だと思い、議会でも積極的に取り上げている。

消費税も大きな問題であり、逆進性の強い税金が消費者に重くのしかかっている。贅沢《ぜいたく》品に消費税がかかるというのはわかるが、日用生活品・食費・衣料費・ライフラインに関連する費目にも一律、消費税がかかるのは、国民の命を縮める悪政であると思う。事業者同士の商取引にも消費税がかかれば、経済の停滞を生むのは必然である。

選挙前のパフォーマンスの給付金ばら撒きにごまかされない、現役世代が報われる社会にしなければと強く思っている。


私は、世の中に隠された不正義をあえて掘り起こすという開示者であることも厭《いと》わない。芸能界でも経済界でも、大きい所だから遠慮するというのでは泣き寝入りせざるを得ない人を救えない。薬物をやっている芸能人だろうが、利益相反している企業であろうが忖度《そんたく》をして黙っていることはないと考える。

大手オールドメディアが権威、権限のあるサイドに立った報道を徹底している現状で、〝知らせる〟〝伝える〟ことが公平公正に寄与していることになると信じている。

著者略歴

１９７０年、東京・武蔵村山市生まれ。西東京市議会議員。両親が熱心な創価学会員であったことから、東京創価小学校、創価中学・高校、創価大学（文学部）と学会系列の学校に学ぶ。大学卒業後の１９９２年、お笑い芸人としてデビュー。「爆笑オンエアバトル」（ＮＨＫ）や「エンタの神様」（日本テレビ系）などに出演し、「間違いないっ！」の決め台詞で人気を博す。２０１２年に創価学会を脱退。２０２２年に西東京市議会議員選挙に立候補すると、無所属新人ながら、３４８２票（得票率５・３８）を集め、トップ当選（立候補者40名）を果たす。英検１級ホルダーであり、焼き肉店を経営する実業家でもある。

間違《まちが》いないっ！　権力《けんりょく》とタブー
——政治《せいじ》と創価学会《そうかがっかい》と宗教《しゅうきょう》二世《にせい》

二〇二五年五月一一日　第一刷発行

著者　長井《ながい》秀和《ひでかず》

発行者　古屋信吾

発行所　株式会社さくら舎　http://www.sakurasha.com
東京都千代田区富士見一-二-一一　〒一〇二-〇〇七一
電話　営業　〇三-五二一一-六五三三　ＦＡＸ　〇三-五二一一-六四八一
編集　〇三-五二一一-六四八〇
振替　〇〇一九〇-八-四〇二〇六〇

装丁　村橋雅之

印刷・製本　中央精版印刷株式会社

ISBN978-4-86581-462-0